性問題行動・性犯罪の治療教育 1

回復への道のり

親ガイド

性問題行動のある子どもをもつ親のために

ティモシー・J・カーン 著
藤岡淳子 監訳

誠信書房

PATHWAYS GUIDE FOR PARENTS OF CHILDREN AND ADOLESCENTS
WITH SEXUAL BEHAVIOR PROBLEMS, 3/E
by Timothy J. Kahn

監訳者まえがき

『性暴力の理解と治療教育』（誠信書房　二〇〇六年）を出版してから、見知らぬ方から息子さんの性犯罪についての電話相談を受けることが多くなった。本を読んで、大学に電話をかけてこられるくらいであるので、みなさんしっかりしたお母さん方である。しかし、「息子が性犯罪で逮捕された。どうすればよいのでしょうか」などとは誰にも相談できず、また現実問題として性暴力の治療教育を実施している機関や治療者もほとんどいない日本の現状で、とても困っておられるということを実感した。なかには、これまでにも何回か逮捕され、さまざまな相談機関にもかかったが、どこでも「お母さんの愛情不足です。仕事を辞めて面倒をみてあげてください」と非難しかされず、何か違う気はするが、「はい」としか言えなかったとおっしゃるお母さんもいらした。

性犯罪者の治療に関しては、成人受刑者と保護観察対象者に対して法務省の矯正局と保護局がカナダと英国の認知行動療法によるプログラムを開始している。詳細な効果評価が行われる段階にまではまだ達していないが、筆者が見聞する限り、相応の手ごたえがあるように思える。これまで拘禁と作業一色であった日本の刑務所に「犯罪行動変化に焦点をあてた」プログラムが開始されたことは、画期的なことであると筆者としては思い、喜んでいる。とはいうものの、成人のプログラムが開始されただけに、「大人になって、性暴力行動も人格も固まってから治療教育を行うよりも、できるだけ早いうちに、柔らかいうちにやった方がいいんだけどなあ……。大人になるのを待たずにやれば、待っている間にでる被害者を減らすこともできるし……」と思い続けていた。

幸い、平成十六年度から斎藤万比古先生の厚生労働科学研究費補助金こころの研究事業「児童思春期精神医療・保健・福祉の介入対象としての行為障害の診断および治療・援助に関する研究」に分担研究員として入れていただき、「性非行少年の査定・治療について」をテーマとして研究を進め、実践の場として、大阪府立修徳学院において、性加害少年への個別面接による治療教育プログラムを開始することができた。翌年度からは、大阪府すこやか家族再生応援事業の助成金を受けることもでき、修徳学院および大阪府から委託を受けて、修徳学院における主として中学生を対象とするプログラムを実施している。このプログラムは三年間を経て、十数ケースに実施し、マニュアル等も作成し（平成十九年度大阪府すこやか家族再生応援事業報告書「性暴力治療教育プログラム実施の手引き」）、ある程度確立されたものとして持続できる見通しとなっている。できるようになるとそれでは物足りなくなってくるのが悪いくせで、施設に入所してくる前に、在宅の子どもたちに、しかもグループを対象にして治療教育を実施したいという思いが強くなった。

平成十八年にシカゴで開催された「性虐待者治療学会」（The association for the treatment of sexual abusers）のワークショップで、青少年性行動センター（NCSBY：National center on sexual behavior of youth）のシロヴスキー（Silovsky）博士の講義を聞き、十二歳未満の子どもたちの「性問題行動」に対し、本人と保護者への認知行動療法に基づくグループ治療を三カ月間実施すると、十年後でも再犯率は、二・三％であるという心強い実証データのある研究を知った。

翌年、修徳学院で一緒に性非行少年治療教育プログラムを実施している仲間たちとオクラホマ大学にあるNCSBYのボナー博士（臨床心理学）の「子ども虐待防止センター」、およびワシントン州の第一号の「認定性犯罪少年治療者」で、性非行少年たちのためのクリニックを開業しているソーシャルワーカーのカーン博士のところに研修を受けるため渡米した（平成十九年度大阪府すこやか家族再生応援事業報告書「性非行児童の治療教育に関する研究——海外調査報告書」参照）。両者とも、収容か在宅かのアセスメントをしっかりと行い、社会内での生活が可能な少年に対しては、在宅のまま、性加害少年とその保護者たちに対し、個別とグループによって、性加害行動変化のための治療をきっちりと提供し、成果をあげていた。どちらも保護者の治療への参加が義務づけられ、保護者による少年の行動の監視を含んでいた。

ちなみにワシントン州では、少年一名を施設に収容して教育すると年間約六百万円（一ドル百二十円計算）かかり、在宅で教育すると約五十万円で済むということであった。性犯罪者への治療プログラムは、再犯低下の効果を実証しており、拘禁だけ（再犯率はまったく低下しない）よりも治療を行った方が、結局、対費用効果が高いし、在宅で治療ができる少年を的確に選定し、在宅で行える枠組みを作ったうえで在宅で行った方が、これも対費用効果が高いということから一般社会の理解も得られているということであった。

性非行のみならず非行全般にわたって、少年への働きかけは、本人のみならず、というか子どもが年少であればあるほど、本人以上に親への働きかけが非行行動の抑止に効果があるということは実証されつつある。また、加害行動を統制できる見込みが低い者に対しては、いったんは施設に収容し、そこで犯罪行動変化のための働きかけを強力に行う必要があるし、施設には施設でしかできないことはある。とはいうものの、再犯率を低下させるという目的に照らしてみると、施設内でできることに限界があることも事実で、施設内での教育＋社会内での教育が再犯率を劇的に低下させることも実証されつつある。さらには、在宅のままでの治療教育が可能であるならば、そうした方がさまざまな点でメリットがあろう。現在の日本では、施設内のプログラムがようやく始まったばかりで、社会内で治療を受ける可能性も保護者への働きかけも、社会的な監視の枠組み作りも皆無といってよいであろう。しかし、今後の方向としては、〈こっちだ！〉と確信している。

前置きが長くなったが、以上のような経緯と考えで、カーン博士が自身の治療グループで使われている *Pathways : A Guided Workbook for Youth Beginning Treatment. 3d. ed.* と *Roadmaps to Recovery : A Guided Workbook for Young People in Treatment.* および *Pathways Guide for Parents of Children and Adolescents with Sexual Behavior Problems. 3d. ed.* を訳出することとした。

『回復への道のり　パスウェイズ』は、米国では十～十八歳向け（日本では概ね中学生から十九歳の少年期）のワークブックであり、『回復への道のり　ロードマップ』は、子ども向け（概ね小学生あるいは知的障害のある少年少女）のワークブックである。『回復への道のり　親ガイド』は、『回復への道のり　パスウェイズ』あるいは『回復への道のり　ロードマップ』を使って治療を受けている少年たちの親向けのガイドブックである。本書は、そのうちの『回復への道のり　親ガイド』の翻訳である。『回復への道のりパスウェイズ』＋『回復への道のり　親ガイド』あるいは『回復への道のり　ロードマップ』＋『回復への道のり　親ガイド』で使われることを想定している。

まず『回復への道のり　親ガイド』から出版しようと考えたのは、本人の治療に入る前に、保護者が治療について知っておき、子どもたちを治療へと導く必要があるからであるし、また保護者にメッセージを送りたかったからでもある。本書には、アメリカ人の親ではあるが、プログラムを受けて子どもが回復した親たちの声が載っており、わが子の性加害行動にショックを受けている日本の親たちにとっても、心強い支援となると考えている。子どもたちの性加害行動は、社会が治療とその枠組みを提供し、親が積極的に治療教育に関わり、本人もきちんとプログラムを受ければ、九割が回復する。そのことを、性加害行動をした子どもをもつ親にも、もたない親にも、あるいは子どもたちと関わる専門職の人たちにも、そして世間一般の人たちにもお伝えする一助になれば嬉しい。

幸い、引き続き大阪府すこやか家族再生応援事業の支援を受けることができ、大阪府子ども家庭センターと協働で、在宅の性加害児童とその保護者に対するグループによる治療教育プログラムを昨年七月に開始した。そのグループは、『回復への道のり　ロードマップ』と『回復への道のり　親ガイド』を使って実施されている。プログラムは順調に経緯し、本年夏前ころには最初の卒業生を出せる予定である。この間の保護者の方々の熱意と取り組みには頭が下がる思いである。本書の訳出は、そのプロジェクトの協力メンバーで行われた。大阪府の子ども家庭センターおよび修徳学院の職員の方々の熱意と努力には常々励まされている。

末尾になったが、いつもながら、性加害者の治療教育というマイナーなテーマにも関わらず本書の訳出の意義を理解してくださり、翻訳権の取得や本書の出版に力を貸してくれた誠信書房編集部の松山由理子さんに深謝している。

二〇〇九年初夏

大阪大学大学院人間科学研究科　ふじおかじゅんこ

謝　辞

私の妻であるディーアンに対し、彼女の愛情と支援、そして三人の子どもたちを責任と配慮ある社会の一員として育ててくれたことに感謝する。私はまた、性虐待行動の問題から家族が回復するのを支援するために力を尽くしている私のスタッフ全員にも感謝する。グレッグ・ハンター、キャロル・アルメロ、B・J・オニール、クリシャン・ハンセン、ジョー・ラングフォードはみな、本書のためのアイデアとサポートを提供してくれた。最後に、この二十年間に、彼らの痛み、苦闘、混乱、怒り、恐れ、そして希望を分かち合ってくれた、性問題行動のある子どもと少年少女たちの多くの親御さんたちに感謝する。

ティモシー　J・カーン、ソーシャルワーカー
ワシントン州　ベレビュー

回復への道のり　親ガイド――性問題行動のある子どもをもつ親のために

目　次

目次

第1章

はじめに

本書をお読みになるのは、あなたのお子さんが、他の子どもや少年少女、あるいは大人に影響を及ぼすような性問題行動に関わったことを知ったからかもしれません。私たちは性が、人間存在の重要な一要素であり、誰もが性的な感情や行動を体験することを知っています。もしお子さんが不適切あるいは違法な性行動をしているなら、その行動が専門的なカウンセリングを必要とするものなのか、必要だとすればなぜ必要なのか、そして、お子さんがさらに深刻な性問題行動がある大人にならないようにするために何ができるのかといったことを理解するのに、このマニュアルは役立つでしょう。幸いなことに、性問題行動がある子どものほとんどは、大人の性犯罪者になることはありません。きちんとしたアセスメント（評価）とカウンセリングを行えば、性問題行動がある子どもと少年少女のほとんどは、問題を克服し、健康的で充実した人生を送ることができます。

自分の子どもに問題があるかもしれないと気づき始めて数週間から数カ月間、両親は、恥、恐れ、怒り、不信、ショック、混乱といった感情にしばしば圧倒されるものです。これはまったく普通のことです！　忍耐強さ、適切な指導と援助、感情にどのように対処するかなどについて、これから学ぶ新たな情報によって、お子さんが性問題行動を克服するのを助けるという挑戦に立ち向かうことができます。本書は、子どもたちが健康な人生を取り戻すのを支援するために喫緊の必要性のある情報、仲間のサポート、実際的な手順についてお伝えします。

たくさんのご両親が、はじめてこのテーマについて読んだときはよく理解できなかったとか、あるいは与えられた情報をうまく使うことができなかったと、過去二十年にわたって、私に話してくれてきました。一度にすべてを受け容れるにはテーマが大きすぎるのです。このようなご両親、すなわち今みなさんが置かれているような状況にかつて置かれていた人たちには、一度本書を読みとおし、最初の混乱がいくぶん落ち着いた一カ月後くらいに、もう一度読み直すことを勧めてきました。

親が積極的な協力者として治療過程に関わると、治療は、より効果的であることが経験から分かっています。本書を読み、その助言に従うことは、あなたが子どもの治療において、積極的な協力者になることに役立ちます。本書を読むことも大切ですが、あなたの子どものカウンセラーと会い、関係を築いていくことが、おそらく、より一層重要です。以下は、裁判所命令により治療プログラムを受けた子をもつ母親の反応です。

私の子どもがカウンセリングを受けることになったとき、私は子どもと一緒に治療セッションを受けることの重要性が理解できませんでした。裁判を受けることは、とても大変で、動揺し、屈辱的でした。裁判後は、その場から逃げ出し、雲隠れしてしまいたいという気持ちさえしました。家では何も話すことができず、何が起きているのかについて話し合うこともありませんでした。

仕事に集中できないことに気づき、私たちの家族に起きたことを誰かに知られるのを恐れて、教会に行くのも怖くなりました。

息子と一緒にカウンセリングのセッションに行きましたが、カウンセラーのオフィスにいなければならないという事実をまだ恨めしく思っていました。私はカウンセリングを受ける必要はないのではないか、だって悪いことをしたのは息子なのだからというように感じていたのです。

でも徐々に、息子が得る以上のものを、私はカウンセリングから得ることができるかもしれないと理解し始めました。私は、今、話せる人がいるし、理解してくれる人たちと気持ちを分かち合うことができます。私は初めのころ、カウンセリングに出なかったこともありましたが、そのことで、息子に、親は本当はそれほど気にしてはいない、あるいはこれはそれほど重要なことではないという考えを与えてしまったかもしれないということに気づきました。今となっては、裁判所が親に対しても、治療に参加し継続するように義務づけることを勧めますね。

本書を読んで疑問が生じたら、メモをとり、できるだけ早い機会に、あなたのお子さんを評価する人、あるいは治療者に尋ねてください。

事実全体は、最後に

本書を読んでいるご両親のなかには、お子さんが、性犯罪者あるいは性問題行動のある子どもと呼ばれることに、混乱を感じたり、あるいは憤りさえ感じたりする方がいます。結局のところ、うちの子は、何かちょっとした性行動に巻き込まれたにすぎないようだといったところです。このように考えたいのは分かりますが、覚えておかなくてはならないのは、お子さんにとって、あなたは、性行動のすべてについては、いちばん打ち明けたくない人だということです。実際、親が全部の事実を知るのは最後です！　あなたの子どものアセスメントと治療が進むにつれ、子どもたちが起こした性問題行動の全体像が明らかになってきます。

あなたの子どもの問題が、あなたが思っているよりも大きい問題なのか、それとも教育やしっかりした監督によって容易に矯正される程度の小さな問題なのかが、明らかになるでしょう。

うちの子に限っては、本当のことを話してくれるとあなたは内心思っているかもしれません。だって、私と子どもは、秘密のない、良い関係を築けているもの、というわけです。ただし一般的に、子どもたちや思春期の少年少女は、自分の性行動に当惑していて、家族から裁かれたり、拒否されたり、疎外されたり、家を失ったりすることを恐れています。親が自分の子の性行動を知るのは最後です。なぜなら、彼らにとっては、性体験について親に話すよりも、カウンセラーのような第三者に話す方が、話しやすいからです。

援助を受けるための最初のステップ

子どもに性問題行動があるかもしれないと分かった両親にとって、以下の助言は役に立つでしょう。

- 子どもがどのような性行動を打ち明けたとしても、彼あるいは彼女を愛し続けることに変わりはないことを再保証してください。これは子どもの恥や当惑、恐れの感情を和らげるのに、とても重要です。
- 子どもが性的に間違った行為をしたことを認めないことについて、心の準備をしてください。認めないのはごく一般的なことです。すべてを明かすには、時間とたくさんの援助、支持的治療環境における一定の前向きではあるものの断固とした教育的介入が必要です。

- お子さんが性問題行動のあることを認めたなら、よく話してくれたね、とほめてあげてください。あなたが彼または彼女を助けるためにそばにいること、いつでも正直でなければならないことを話してください。

- 虐待的あるいは不適切な行動の詳細を様々な情報源から求めてください。たとえば、他の子の親が、電話であなたの子どもの非行行為について教えてくれるなら、詳しく聞きなさい。後で思い出せるように、情報を書き留めてください。教えてくれた親に、自分の子どもに適切な援助を求めるつもりであることを保証してください。

- 被害者の親に時々電話をして、何かできることはないかと尋ね、とっている対応策について最新の状況を伝えつづけることは、被害者の親の怒りや恨みをかなり低減させることができます。被害者の親の多くは、加害者が治療を受けるための適切な段階をふんでいると聞いていないので、何も対策がとられていないと思ってしまいます。

- それがどのようなものでも、とにかく事実をすべて話すことが大切であると、あなたの子どもに強調しなさい。

- あなたの子どもと家族を支援してくれる専門家を早急に見つけなさい。警察や児童相談所の捜査や調査を待っていないことです。
- あなた自身のための支援ネットワークを作りなさい。親しい友人、親戚、宗教指導者等に話しなさい。起きたことに対するあなたの情緒的反応に対処するために、専門家であるカウンセラーに会いなさい。家族の問題に集中できるように勤務スケジュールを柔軟に変更してもらうことについて、雇用主と話し合うことを考えてみてください。
- 家庭内における明確な監督ルールを作り、それを厳密に実行しなさい。あなたの子どもにきょうだいや他の子の子守をさせてはいけませんし、年下の子どもと二人きりにさせてもいけません。あなたの子どもが、年下の子どもたちのそばにいるときはいつでも、絶えず目に見えるところで監督しておくようにしてください。家庭におけるあなたの監督がどのようなものかで、きょうだいである被害者の安全を高めることができ、近所の子どもや級友に再加害する可能性を減らすことができるかもしれません。

保護者は、子どもの性虐待報告のために調査当局と協働するなかで、特にその虐待が自分の家庭内で生じた場合、しばしば困難な決断に直面します。司法制度が関わるとなると、そこから必要な監視と治療的サポートが提供されます。別の、特定の状況によっては、被害者と加害者である子ども双方の健康と回復にとって、法的処遇が不要なこともあります。ときとして、捜査官は、「家族を助けようとしている」と言うかもしれませんが、実際には彼らの業務は、犯罪行為を捜査し、検察に起訴することであり、あなたにとってある場合には助けになるかもしれないし、ならないかもしれません。ここでお伝えしたいのは、この問題に精通した情報源から、適切な法的助言、アセスメントと治療に関する助言を得る必要がある、ということです。

本書は、様々なタイプの性問題のある子どもと少年少女をもつ親のために書かれています。性非行によって刑事告訴を受けた子どもの親もいれば、少年司法制度には係属していない子どもの親もいるでしょう。里親、近親者、グループホームの職員にとっても役に立つでしょう。

本書は、十～十八歳の子どもと少年少女向けの治療ガイドマニュアルである『回復への道のり　パスウェイズ』、あるいは六～十二歳の子どもと、年長でも発達の遅れがある少年少女向けの『回復への道のり　ロードマップ』と共に用いることを特にお勧めします。性問題行動を起こす男子の数は、女子と比べて多いように見受けられますが、女子の性問題行動は、過去に比べてより頻繁に起きていることが研究によって明らかになっています。この『回復への道のり　親ガイド』と、『回復への道のり　パスウェイズ』、そして『回復への道のり　ロードマップ』は、男子、女子両方の必要に応えられるように書かれています。

性問題行動のある子どもと少年少女の親が全員積極的に子どもの治療に関わりたいと考えるわけではありません。子どもの行動に気づいたことで、あなた自身が個人的な反応を体験しているのであれば、子どものカウンセラーに、親向けのサポートあるいは教育グループがあるかどうか尋ねてみてください。そうしたグループは、自分の子どもが性行動を起こしたことに気づいた親が、その危機を通り抜けるのに役に立つことがあります。子どものとき、あるいは思春期に、自身が性虐待を受けたことがある親にとっては、子どもが性虐待を明かしたときに生じるかもしれない感情を解決するのを手助けする自身のためのセラピストあるいはカウンセラーを見つけることが、特に大切です。あなたが、このストレスの大きい状況に対して情緒的に対処するのに困難な時を過ごしていなかったとしても、親支援あるいは親教育グループに参加することは、あなたのお子さんの治療を支援し、促進するのに大変役に立ちます。

性問題行動のある子どもや思春期の少年少女の親として、あなたは、あなたの子ども、家族、被害者、警察、社会サービス制度に関して様々な感情を体験していることは間違いありません。これらの感情は、しばしばとても強烈です。あなたが体験していることを周囲は理解しないので、孤立感や孤独感、混乱や怒りを感じるかもしれません。本書では、あなたと似たような体験をした他の親の反応について読むことになるでしょう。また、子どもが性問題行動を解決し、自分の感情を健康で責任ある方法で表現する方法を学ぶのを助けるために、あなたがどのようにすれば重要な役割を果たせるのかについて学ぶでしょう。

以下は、八歳の妹に性虐待をした少年をもつ親のコメントです。

私たちがついに治療を開始したとき、もっともストレスがかかるステップの多くはすでに終わっていました。でも、私は、まだ、すべてがすぐに終わるだろうと信じたい気持でした。

まだ残っている課題を見ると、圧倒される気持ちになったのだと思います。私たちは少しはましになったけど、まだまだ先は長いといったような。

親としての責任を、慣れない制度のなかで、保護観察官、弁護士、カウンセラーといった見知らぬ人たちに問われることはとても嫌だったし、裁判そのものが、大変なストレス、恐れ、妄想を生じさせました。しかもこういったことは、私たちの子どもが性逸脱行動を起こして、私たち家族に恥と当惑をもたらしたという事実に加えて起こったのです。

これは人生を変えるような出来事で、長い消耗する時間を要し、「完全に終わる」ことはないのだ、ということを受け入れたのはいつなのかよくわかりません。もっと早くから分かっていれば良かったのにと思います。というのは、どんな資源が使えるかを探し、この経験を乗り越えるのを手助けしてくれる専門家を見つけるには時間をかけることが重要だからです。

このプロセスを始める人には誰にでも、「あなたはとても傷つきやすくなるでしょうし、自分の人生がばらばらにならないように助けが必要だ」と、私は言うでしょう。家族以外で誰か話せる人を見つける必要がありますし、家族内でも、目前の悪夢に目を向けない人と話をするように努める必要があります。

あなた自身を大切にしてください。よく食べ、運動をし、十分な睡眠をとりましょう。援助を受け入れ、防衛的にならないことが絶対に必要です。そうすれば、この困難なプロセスをくぐり抜ける道を学ぶことができるでしょう。

『回復への道のり　パスウェイズ』と『回復への道のり　ロードマップ』は、様々な種類の性問題行動のある子どもと少年少女たちのためのワークブックです。これらのワークブックは、年下の子どもたちにわいせつ行為（性的に触ること）をした青少年、あるいは、他者に性行為を強制した青少年にも用いることができます。公衆場面でマスターベーションをするような自我境界線の弱い子ども、下着を盗む、覗（のぞ）き、わいせつ電話やテレクラなどにつないでとんでもない電話代を請求されるといったすべての子どもたちにとって、『回復への道のり　パスウェイズ』と『回復への道のり　ロードマップ』は、有用です。

本書と同様に、『回復への道のり　パスウェイズ』あるいは『回復への道のり　ロードマップ』を、あなたの子どもの治療を理解するように、注意深く読むことが大切です。これらは、訓練を受け、経験のある治療提供者（カウンセラー）による案内とスーパービジョンの下での治療グループで使われるときにもっとも効果的です。残念ながら、場所によっては、このようなグループやカウンセラーが利用できないかもしれません。その場合は、あなたとあなたのお子さんのセラピスト、あるいは保護観察官や調査官は、あなたのお子さんの性問題行動に対処するのを手助けしてくれる他の資源を見つける必要があるでしょう。

いずれにせよ、あなたは親として、お子さんの治療に関して最も重要な役割を担っています。というのは、あなたは一般的に、自分のお子さんを誰よりも知っているでしょうし、カウンセリングが修了した後も一生お子さんの人生に関わるでしょうから。あなたが治療プロセスをサポートするかしないかは、お子さんの治療がうまくいくかどうかに大きな違いをもたらすでしょう。あなたはお子さんにとって、第一の支援者ですし、あなたのお子さんの性問題行動の治療にとって重要な資源なのです。

親が子どもの治療過程を理解し、支援することが不可欠です。親から援助を受けている子どもと思春期の少年少女たちにとっては、セラピーに要する時間がしばしば少なくて済むうえに、犯した行動についてより迅速に学ぶことができ、理想的に言えば、再犯率や治療失敗率がより低くなるのです。

〈読者へ〉

本書の記述は、米国の法律とその制度に基づいて執筆されています。日本の法律や制度とは異なっていることを予めお断りしておきます。

監訳者

第2章

最初の反応

～どこに援助を求めるか～

ジルは、妹に性的接触をした罪に問われている十三歳の少年の母親です。彼女が特別にあなたのために書いた手紙をまずは読んでみてください。

親愛なるご両親へ

ジル

私は性問題行動のある子どもの母親です。今からお話しすることが、いくらかでもあなた方に安心と希望を与えることを願っています。息子が性犯罪の罪に問われた日のことを、私はよく覚えています。息子の生活がそこまで手のつけられない状態になっているとは思いもしませんでした。私の家族はごく普通だと思っていたのです。困難はありましたが、うまく対処していました。あるいはそう思っていました。夫も私も、やがてやってくるあらゆる問題、つまり子ども保護サービスや警察に対応すること、セラピストを選ぶこと、保護観察官と面会すること、友人や家族に何を話すべきか決めることに対処するスキルをもっていませんでした。もちろん、私たちは息子がしたことを誰にも話せませんでした。それを知った人が息子をどのように扱い、私たちのことをどう思うかが心配でした。ですから私たちは、涙と怒りのなかで、すべてを私たちだけで決めようとしました。

私たちは最終的にこの治療プログラムにたどり着きました。そこに至るまで二人のカウンセラーを経て、最初に事件が発覚してから六カ月が経過していました。このセラピーが良いと思ったのは、性虐待やそれに関連する問題、たとえば自尊心、人を欺して動かすこと、正直さ、共感性といったことを扱う組織的なアプローチがあったことです。私たちは子どもの親として参加しました。私たちは歓迎され、そのプロセスのなかに招き入れられました。

夫と私は、息子が初めてカウンセラーと会った日に、親グループに参加しました。私たちにとって、それは普段はやらないことでした。つまり、まったくの他人に心の中を打ち明けることです。ホッとしたことには、そこにいる皆さんが私たちの感情を理解してくれて、すぐに心を開くようには誰も求めなかったことです。その代わり、彼らは自分たちの経験のいくつかを語ってくれました。そして私たちはすぐに、トンネルの出口に光があることを感じました。その親御さんたちはうまくやっていて、彼らの多くが私たちに、彼らの家では問題が現に良くなってきていると話してくれました。もし私たちが面会に参加する気になるのであれば、それはきっと私たちや子どものためになると言われました。最終的に、私たちは参加し、泣いて、聞いて、学びました。性虐待が起こった家族に関するあらゆる複雑な問題を率直に語れる場を、私たちはようやく見つけました。私たちは裁きではなく受容、同情ではなく共感、理論ではなく知識を受け取りました。ついには、二度と理解することはないと思っていたユーモアさえ理解しました。

息子は今、治療の終わりに近づいています。そして実質的に私たちもそうです。私は親グループにきちんと出席して、今や育児について以前よりずっと多くのことを知っています。私は性虐待についての理解をさらに深めていて、そのことは将来、息子にとって役立つだろうと思います。私は今では思考の誤り、最小化、正当化、他者非難についても理解し、それらはすべて、日々取り組むべき事柄です。私は家族がこのような経験をしなくても済むことが一番だと思いますが、最終的に私たちは良いことを得られましたし、息子と娘は必要とされる援助を手にすることができました。昔に戻れたらいいのになんて願わないでください。私はもうそんなふうには願っていません。むしろ、もう二度と同じようにはならないことを願っています。というのも、私にとって以前と同じということは、子どもが悪循環に陥ることであり、罪のない子どもを虐待していることであり、私たちがそのことについて何も分かっていないことになるからです。もう二度と同じことにはなりたくありません。

虐待に初めて気がついたとき、私は家族が終わった、つまり修復不能なほどに家族が崩壊したと思いました。でも、時間が私たちを癒し、知識が私たちを助け、愛情が私たちを立ち直らせてくれるのです。そしてあなたにとって、あらゆる感情を発散させるだけでなく、癒され、学び、前進することにも役立ち得る支援グループがあることを祈っています。

まず初めに、『回復への道のり　パスウェイズ』または『回復への道のり　ロードマップ』全体を、お子さんが書き込む前に見てください。これらのワークブックにおいて、ある課題はプライベートなものなので、子どもにとって心の準備ができるまで見てはいけません。お子さんがいったんワークブックに取り組み始めたら、そのプライバシーを尊重し、彼または彼女が、あなたと共有することに同意した部分だけを見ることが重要です。しかし、それはあなたが治療プログラムから締め出されるという意味ではありません。本書には、子どもが『回復への道のり　パスウェイズ』または『回復への道のり　ロードマップ』の各章を終える際に、あなたが子どもに尋ねてもよい質問表があります。子どもの治療教育に対して気配りを続け、子どもが学習していることについて質問することによって、あなたもまた性虐待の治療や子どもの成長について学ぶでしょう。そしてお子さんは、自分がどのくらい学んでいるかについてあなたが気にかけていることを知るでしょう。

性問題のある子どもを誰か他の人に助けてもらうことは、あなたにとってとても難しいことかもしれません。子どもの援助における最初のステップの一つは、あなたが子どもをいったん手放し、セラピストが子どもの治療において主要な役割を果たすことを認めることです。一度それができれば、あなたの支援はより効果的になるでしょう。

専門用語とその意味を学ぶこと

このテキストおよび私たちの治療プログラムにおいては、性行動化をする子どもや思春期の少年少女を、「クライエント」と呼びます。性問題行動のあるすべての子どもや思春期の少年少女が、クライエントになり得ます。彼らは、少年司法制度のなかで刑事責任に直面し、公的審判手続きの結果、性犯罪者と呼ばれることもあります。しかし、「犯罪者」や「性犯罪少年」という言葉は、本書のなかでは原則として用いません。

なかには「性問題行動のあるすべての子どもや思春期の少年少女は性犯罪者と呼ばれるべきだ。なぜなら彼らは、法的地位にかかわらず性犯罪を行い、彼らが他人に加えた虐待はトラウマになり得るからである」

という主張をする人がいます。この理由づけには一理あるので、多くの州および司法制度には、少年を含めた性犯罪者の権利を制限する法律があります。成人の性犯罪者は、性犯罪者登録、コミュニティ通知、民事義務に従わなければなりません。

その法的な意味ゆえに、性犯罪で正式に告訴され、あるいは裁判で有罪が確定された人に対して用いる「性犯罪者」という用語はむしろ使わないでおきます。ある犯罪で少年または成人の裁判所に告訴されたことのない性問題行動のある子どもや思春期の少年少女の大半は、プライバシーの権利をすべて保持しており、一般市民がその成育歴についての情報にアクセスする権利はありません。審判を受けたことがない彼らは、性犯罪者として登録する必要がなく、求職するうえで開示すべき前科前歴はつきません。彼らは性虐待行動について、コミュニティへの公的通知の対象ともなりません。したがって本書では、判決を受け（告訴されて有罪判決を受け）ているいないにかかわらず、性問題行動のある子どもと思春期の少年少女のことをクライエントと呼びます。

援助を見出す方法――評価と治療

子どもを援助する際の最初の段階は、性問題行動のある子どもや思春期の少年少女を対象に仕事をして経験を積んだ、資格をもった専門家を見つけることです。もしあなたの子どもが性犯罪で告訴されたとしたら、専門家による評価と治療を行う必要があるでしょう。その専門家の資格や専門知識は、自分の居住地域の少年裁判所または家庭裁判所で認定されている必要があります。一部の州では，治療提供者は特別な資格や証明書をもっていなければなりません。そうした専門家を見つけるためには，次のようなやり方が参考になるでしょう。

- 地元の少年裁判所に電話し，保護観察中の性非行少年を指導している人と話をしたいと依頼しましょう。子どもや十代の性犯罪者を指導する調査官は，どのセラピストやプログラムに対し，裁判所や保護観察所が敬意を払っているかを知っています。もしあなたの子どもが最終的に告訴されることになった場合，これは考慮すべき重要なことです。
- 虐待被害者を治療する地元の性虐待対応機関に電話をかけましょう（「電話帳の性虐待治療」の項を参照）。そこのスタッフはたいてい，性問題行動のある人の治療を専門としている機関をあなたに教えてくれます。
- 性虐待者治療学会（Association for the Treatment of Sexual Abusers：ＡＴＳＡ）のウェブサイト（www.atsa.com）をインターネット上で訪れましょう。ＡＴＳＡは思春期の少年少女や成人の性加害者を評価・治療・監督する大きな専門学会です。ＡＴＳＡのウェブサイトには，役に立つ可能性のある別のサイトへのリンクがあります。

●セイファー・ソサイエティ（Safer Society Foundation）のウェブサイト（www.safersociety.org）を訪ねましょう。セイファー・ソサイエティは、北米における治療提供者や、施設内および通所での治療プログラムの紹介先データベースを整備しているNPO団体です（本書や他の治療に関する書籍等の出版も行っています）。

●ストップ・イット・ナウ（Stop It Now）のウェブサイト（www.stopitnow.com）を訪れましょう。ストップ・イット・ナウは有効な治療法を含む、公衆衛生的なアプローチによる子ども虐待の防止に特化したNPO団体です。ウェブサイトには多くの資料があり、性虐待に関するQ＆Aのリストだけでなく、加害者および被害者の保護者による希望をもたらす手記も掲載されています。*

（＊訳注）日本では、専門家や専門機関は非常に少ないですが、お子さんが十八歳未満の場合は各地の児童相談所、十四〜二十歳の場合は各地の保護観察所に照会することが良いかと思います。あるいは、犯罪被害者支援ネットワーク機関、警察の被害者支援室も可能です。

法的な問題

あなたのお子さんが違法な性犯罪で起訴されたとき、あるいは被害者やそのご両親が警察や地元の児童福祉機関にそのできごとを通報したとき、ゆくゆくは警察官があなたやあなたのお子さんを捜査するために連絡してくることが予想されます。法律に違反する性行動には、自分より幼い子どもや知的障害のある人に性的に触れること、薬物やアルコールの影響下にある人に性的接触をすること、下着を盗むために住居やアパートに侵入すること、他者に性器を露出することなどが含まれます。

捜査期間中、あなたのお子さんは、取り調べのために警察署に連れて行かれたり、家庭や学校で面接を受けさせられたりするかもしれません。面接では、お子さんは起こったことについて供述するように求められるでしょう。しばしば、そのような供述は、公的な刑事責任を追及するかどうかという検察官の決定に大きな役割を果たします。多くの司法制度では、被害者やその家族が、起訴するかしないかという決定をするわけではありません（被害者の親は、自分の子どもが裁判で証言しないようにすることはできるでしょう）。警察の取調官によって提出された情報に基づいて、刑事責任を問うかどうかの最終的な決定を行うのは検察官です。被害者の親が加害者の親に、告訴は望んでいないと話したとしても、起訴されることがあります。

性虐待による起訴は、情緒的に重荷となり得るため、親として、家族としての権利を守るためにしかるべき法的助言を得ることが重要です。性犯罪で起訴された子どもや思春期の少年少女を弁護した経験のある弁護士を探しましょう。ほとんどの司法制度では、性加害者に直接的に影響する特別法があり、弁護士は訴訟係属中の子どもに何が予想されるかを知っておくことが重要です。弁護士を雇うお金がない場合には、地元の少年裁判所に電話して、自分の地域の公選弁護人組織と連絡を取る方法を尋ねましょう。公選弁護人は、最初の捜査期間中の対処方法について何らかの助言をくれるかもしれません。*

（＊訳注）日本では、各地の弁護士会あるいは「法テラス」（日本司法支援センター）に連絡することをお勧めします。

子どもや思春期の少年少女は、時に、法的手続きによって非常に混乱することがあります。たとえば、弁護士が最初の法廷審問の際に無罪を訴えるようクライエントに助言することは一般的です。このことによって、弁護士は検察官と話をする時間をもつことができ、より軽い処分のために取引を試みることができます。このことは、特に子どもが性非行を認めた場合、混乱を招く可能性があります。* 子どもが今起こっていることを理解しやすくするために、親、弁護士および治療提供者は、このプロセスについて子どもと話す必要があります。

（＊訳注）弁護士は、罪を軽くするために、表に出ていない犯行を隠すように勧めることが一般的にあり得ますが、子どもが告白しようとした犯行を弁護士や保護者が隠しなさいと言うことは、回復のためには妨げになることがあり得ます。この点について、保護者は、治療提供者および弁護士と十分に話し合っておく必要があります。

こんなことが起こっているなんて信じられない！

子どもが性犯罪で訴えられると、親にとってそれは悪夢となり得ます。あなたの最初の反応がショック、狼狽、不信、否認のどれかであっても当然です。性犯罪者を知っているという人のことを聞いたことがあるという人もいるかもしれませんが、ほとんどの人は、それすら聞いたこともないでしょう。性の問題に関する社会的非難やスティグマ（不名誉な烙印）のために、それらは、オープンに話されることはありません。あなたが性虐待をする子どもを育てている可能性があるなんてまず考えないでしょう。もしあなたがそのような子どもをもった他の親と同じなら、お子さんの性行動に対する説明を見つけることは難しいでしょう。

加害者とその親がまず非難するのは、子どもの加害行為の被害者に対してです。おそらく被害者には不適切な性行為の経歴があったり、被害者の親が子どもを監督していなかったのだろうと非難します。親は時々、自分の子どもが他のわいせつ行為をする子どもと同じように、ひどいことをし得るのだということをどうしても信じられません。いずれにしても、被害者は性虐待を受けたことに対して責任がないということをあなたが理解することが大切です。あなたのお子さんこそが、自分の行動に対して責任をとるべき唯一の人間です。子どもは他の誰かからその（性的な）行動を学んだのかもしれませんが、最終的に自分のした選択に責任を負う必要があります。飲酒運転で怪我を負わされたり殺されたりした人は、運転手によってなされた選択に対する責任がないのと同様に、性暴力の被害者も、加害少年によってなされた選択に対する責任はありません。

同時に、あなたのお子さんがどのようにして幼い被害者に近づいたのか、どうして性的に行動化することを選んだのかを説明するのに役立つ状況要因があり得ます。子どもや思春期の少年少女たちの責任は、成人と同様の水準で考えられるべきではありません。性問題行動のある子どもや思春期の少年少女のなかには、性的に無知な者もいるでしょう。彼らは単に行動の意味を理解していないだけかもしれないのです。あるいは、衝動のコントロールにも問題があって、それが性的に誤った行為の一因となっているのかもしれません。

性問題行動の発生には多くの要因が寄与しています。被害者は、被害に遭いやすい弱点をもっていたのかもしれませんし、性的なことに関心があったのかもしれません。クライエントや被害者の家庭における指導・監督が緩かったのかもしれません。あなたのお子さんが、年齢不相応な性的関心を刺激するポルノを入手したのかもしれません。しかし、これらのどの状況要因があったとしても、あなたのお子さんが性行動化を選択したという事実は変わらないということを覚えておいてください。行動化とは、監督からうまく逃れ、被害者に接近し、被害者の抵抗を制し、性的接触をやり遂げ、後でそれを隠すことをいいます。非難するのは生産的ではありません。理解すること、受け入れること、そして気づくことが生産的なのです。子どもの性行動に寄与する要因を理解し、変化させるように働きかけること、および子どもの適切な対処スキルと判断決定スキルを育てることが、彼または彼女が再び性的に行動化する可能性を減らすのに役立つでしょう。

次のことを覚えておいてください。あなたはお子さんが自分の性行動について話すおそらく最後の人であるということです。性問題行動のある子どもや思春期の少年少女の大半は、訓練を受けたカウンセラーと話すときでさえ、自分の性行動についてなかなか正直に話しません。ましてや親（友達や親戚もそうですが）と一緒のときは、なおさら正直に話しません。なぜなら、子どもはあなたの反応、拒絶の可能性、怒りを恐れているからです。そのような行動を認めることは、非常にきまりが悪く屈辱的でもあります。特に家族の前であればなおさらです。

子どもたちが、起こったことを認めるのを手助けするには、次のようにアプローチしてみてください。「あ

なたの性行動について、すべて私に話してくれたわけではないかもしれないと分かっているよ。もし後で自分のしたことをもっと話そうと決めたとしたら、それがどんなことであっても、私は以前と変わらずあなたを愛しているよ」というように。子どもたちが、自分の性行動を親に完全に打ち明けることは非常に稀です。訓練を受けたカウンセラーでさえ、最初はそうかもしれません。たとえ他の虐待行為や犯罪を行っていたとしても、愛情と支援を与えるためにあなたがそばにいるということを子どもに伝えることで、お子さんが最終的にすべての真実を語る可能性が高まります。すべての真実が明らかになれば、あなたのお子さんの問題をすべて扱うことができ、治療はより効果的なものになるでしょう。さらに、もし他にも被害者がいるとしたら、被害者たちが援助を受けられるようにすることもできます。

どうしてこんなことが起こったのでしょうか

親としてあなたは、「どうしてこんなことが私や家族に起こったのだろう?」と疑問に思うでしょう。けれど「最も理想的な」家族にさえ、性問題行動のある子どもや少年少女がいることを知るでしょう。あなたはきっとお子さんの行動を説明する方法を探していることでしょう。起こったことについて被害者が嘘をついているとか、単に誤解しているだけだとか、あるいはあなたの子どもを誘惑したのだと考えるかもしれません。お子さんの友達や、インターネットの性的なサイトやチャットルームなどが、子どもに性行動をするように教えたり、促したりしたと思っているかもしれません。熟練した評価者やセラピストが必要になってくるのはこの点であり、彼らは、お子さんの性行動化に多少なりとも寄与するすべての要因について、より適切な理解をもたらすのに役立ちます。性行動は非常に複雑なものであり、その責任を他の誰かや何かになすりつけることは通常逆効果になることを心に留めておいてください。あなたのお子さんが、行動化するという最終決定をしたのです。あなたのお子さんは、どのように、あるいはなぜ異なる決定をすべきなのか、そして他の選択肢として何があるのかを理解するための援助を必要としています。

一つの要因では説明しきれません。たとえばある十二歳の少年が、近所に住む五歳の少年に性行動化をして、性犯罪で少年裁判所に係属されました。彼を評価した人は、次の五つの要因を見つけました。

1. 彼は、注意欠陥多動性障害（ＡＤＨＤ）と診断された。
2. 彼は、インターネットのチャットルームで「サイバー・セックス」を行っていた。
3. 彼は、友達の家でアダルト・ビデオを観たことがあった。
4. 性行動化が起こったとき、親は仕事中で、彼は監督されずに近所で遊んでいた。
5. 最後に、彼は、性暴力行為のほんの二、三カ月前から、射精を伴うマスターベーションを始めていて、そのことは彼が思春期の変化の只中にいることを示している。

少年の評価者は、五つの要因すべてが性問題行動に多少なりとも役割を果たしていることを見出しましたが、主な動機としていずれか一つの要因に決めることはできませんでした。性問題行動は多元的である（この事例のように）ため、治療および介入プログラムも多面的である必要があります。

ベティの回想について考えてみましょう。彼女は、自分が性問題行動のある少年の母親であることを知った教師です。

> このことに対処して五カ月経っても、なかなか話すことができませんし、書くことさえできません。私のすばらしい息子が性加害者なんです！　話すことが、自分を苦しめている感情に注意を向けることに役立つのは分かっています。けれど私は、再び苦痛に直面することが恐ろしく、そして、この悲劇に焦点をあてるとき、とてつもない喪失感や悲しみに襲われるのが恐ろしいのです。この事件が突然私たちの生活に降ってわいてから丸一週間、私は泣き止むことができませんでした。感情的に疲れ切って、心が空（から）になっても、涙は止まりませんでした。ある意味で、私は、同じように泣き続けることができたら良いのに、今やいつも私とともにある苦しみや悲しみをどうにかして払いのけることができれば良いのにと思っています。なぜか、深い悲しみは果てることはありません。深い悲しみがずっと続いています。

ベティは訓練を積んだカウンセラーを見つけました。そのカウンセラーは、性虐待が起こった家族と協働することを専門にしていました。ベティは自分が感じているストレスや混乱に対処する際の支援、指針、援助を見出しました。彼女と息子のセラピーが進展するにつれて、ベティはその経験がどのように自分に影響を及ぼしてきたかを探り始めました。

私が知った日…

自分の息子が性加害者だと知ったのは、ごく普通の平日のことでした。十四歳の息子ドナルドと、十歳の娘モーリーンは、家でテレビを見る代わりに、近所の子どもたちと外で遊んでいました。夕食の支度をしながら、子どもたちが仲良く遊んでいる声を聞くのは楽しいことでした。大きい子も小さい子も、近所の子どもたちがみんなでソフトボールや鬼ごっこをしているのを見るのも嬉しいことでした。

仕事から帰って心穏やかにすごしていたひとときに、電話が鳴りました。隣に住むメアリーアンからでした。それは普通のことではありませんでした。彼女と私は打ち解けた仲ではなかったからです。彼女が、「ベティ、話があるの。大変なことが起きたの。そのことについてすぐに話し合う必要があると思うの」と言ったとき、私は息をのみました。すぐにそちらへ行くと言いました。

私が家の中に入っていくと、メアリーアンと彼女の夫、そして二人の子どもが、居間で私を待っていました。張りつめた雰囲気で、全員が私を待ち、見ていました。私は不吉な予感がしました。何かひどく悪いことが起こったと分かりました。私は心の準備ができていませんでした。

メアリーアンは、彼女の五歳の娘と隣の家の四歳の娘が、私の息子ドナルドと遊んでいたときに、何かが起こったと説明しました。良くないと思うような遊びを子どもたちがしていたと、彼女は言いました。私は床に座って、五歳のカーリーに話しかけました。話がはっきりしてくるにつれて、この年齢の子どもがめったに嘘をつかないことを思い出しました。私は、意識して自分を落ち着かせ、できるだけ客観的に、そしてできるだけカーリーを傷つけないやり方で情報を集めようとしましたが、話を聞くにつれ、徐々に呆然として麻痺してくる感じがしました。何か不適切なことが起こったと分かりました。起こったことの中身を完全に知ったのは、その数日後でした。

私は、性虐待のことを、教師としてはよく聞いていました。でも、親としては起きている出来事を信じることができませんでした。しかし、息子が性虐待を行ったことを確信せざるを得なかったので、思春期カウンセラーである友人に電話しました。それ以来、私はあちこち走りまわっています。報告書を提出するために警察署に行き、毎週のように個別カウンセリングとグループ・カウンセリングに行き、怒りをコントロールする訓練のためのクラスに行き、起こっていることに対処するのに役立つ私自身のカウンセリングに行きました。

すぐに自分の感情に焦点を当てることはとても大変です。その時は非常に苦痛で、完全に打ちのめされた感じがしました。苦痛と喪失の深さは、言い表せないくらいのものだったことを覚えています。どうやってそのことについて話せばいいのでしょうか。私は、失敗した親として批判にさらされているように感じました。今や、妻としてだけでなく、母親としても失格者であり負け犬であると、みながはっきり知るでしょう。三番目の夫は、この事件の七カ月前に、私を見捨てて出て行っていました。私の個人的および職業的な自己イメージは、恥で満たされ、失敗者という烙印による重荷を背負わされていました。だから、私はこのことを一番の友人にさえ話せませんでした。私には親友と呼べる人はあまりいなかったのですが。

麻痺した感覚や無意識的な行動は、最初の一日しか続きませんでした。最初の夜にまったく眠れなかった以外は、自分の感情を常に心の中に抑え込んでいました。

最初の夜、私は寝室に行って本を読み、気分転換しようとしました。本を置き、起き上がって「どうしてこんなことが起こったの？　どうして起こるのを防げなかったの？　どうしてこんなことが起こるとわからなかったの？　この悪夢はいつ終わるの？　私の家族はいつか元に戻るの？」と繰り返し自問しました。その質問はどんどん続いていきました。泣き叫んで、この苦痛が本当に多少なりとも解消できたらと願いつつ明かりをつけました。突然次のことが心に浮かびました。「もし彼が、ほんの十歳の妹に対して罪を犯していたらどうなるだろう？」と。私は、「いや、そんなことは決してないだろう」と思いました。でもそのすぐ後で、「ひょっとすると彼はしているかもしれない」とも思いました。実際に、息子はすでに妹に対して罪を犯したかもしれないのです。私は気分が悪くなり、ベッドからよろめき出て、服を着て、リビングの長椅子で寝ることに決めました。「彼はどうするつもりだろう？」と私はずっと思いをめぐらせていました。

そこに座ると、悪夢はさらに勢いを増し、いっそう恐ろしくなりました。「息子は私がここで寝ているときに窓から抜け出して、家出するんじゃないかしら？　もしそうなら、どこに行くだろう？　自殺するのではないかしら？」これらの考えが、心配して疲れ切った母親の思い過ごしではないことを知っていました。これらのことは、そのおぞましい出来事に満ちた日に起こったことと同じくらい現実的なことであると分かっていました。私は眠りませんでした。もう二度と眠るまいと思いました。

どうして目を閉じるなんてことができるでしょう？　私はドアのすぐそばで待っていなければなりません。息子が無事で、自身を危険にさらしていないか確かめるため、そして娘が無事で、兄に性虐待を受けていないことを確かめるために。どうして一時でも休むことができるでしょう？　今その瞬間に、新たなおぞましい事件が進行しているかもしれないというのに。私は娘の部屋に行き、毛布の端をベッドに挟み込みながら自問自答しました。「彼女はどう関わったのかしら？　彼女は私にまだ話していないことがあるのかしら？　どうすれば彼女を守ることができるの？　彼女が寝ているときは危険だわ。隣は息子の寝室ですもの。私の寝室はとても離れているし。あの子が助けを求めて叫んだら、どう聞こえるかしら？　私は母親として息子の役に立たなかっただけでなく、自分の娘も守ることができなかったのよ」と。

私は息子が首をつっていないか確かめるために彼の部屋に行きました。天井から首をつっているのを見つけるんじゃないかと、半分思ってました。恐怖を感じながらドアを開けました。彼がベッドに横になって、眠れずにいるのを見て安心しました。部屋に入ってベッドの端に座り、彼を抱きしめ、準備ができているかどうか尋ねました。彼はすべてを悟って、「準備はできているよ」と言いました。私は彼にこう言いました。「これはあなたにとってつらいことに違いないと分かっているわ。でもあなたは本当のことを話して、すべて正直になろうとすべきよ」。彼を抱きしめて泣き、彼も泣き始めました。この悪夢は、私たちが一緒に背負って生きていかなければならないものでした。

涙は次の日にまた出始めました。涙が枯れたときだけ、それは止まりました。私は仕事を休みました。泣き止むことができませんでした。どう説明すればいいでしょう？　どう言えば分かってもらえるでしょう？　私は絶望のどん底にいて、新たな憂うつ、つまり言い表せない苦しみと喪失感へと追い込まれていました。

以後の数日間は、いくら思い出そうとしてみても、ぼんやりして覚えていません。私はエネルギーをなくし、希望を失い、親としての自信を失い、専門家としての自尊心をなくしました。子どもたちは学校に復帰し、見た目には楽しく、まるでものごとが「通常」に戻ったかのように過ごそうとしました。

心配した同僚が来てくれました。幸運にも、彼女はこの恐るべき秘密を打ち明けられるたった一人の人でした。私は肩の荷を降ろすことができました。彼女は職場で上司たちと折り合いを付けてくれるパイプ役でした。私は泣いてばかりいて、ろくに話すことができませんでした。仮に話ができたとしても、何て言えたでしょう？

私は付き合っていた恋人に話しました。彼は去りました。もう戻ってこないでしょう。彼は、私が娘を守り、息子を家から追い出すべきだと言いました。おまえは息子に対して過保護で、彼は家で生活するに値しないと言いました。おまえは自分の家で囚人になってしまうぞと彼は言いました。彼の予想が正しかったと後でわかりました。

この時点で、私は「その後ずっと幸せに暮らす家族」という夢を永遠に失ったことが分かりました。過去に付き合ったどの男性にしても、違う答えをしてはくれないでしょう。だから私には、今後交際相手は期待できないでしょう。伴侶も子どもの父親も現れないでしょう。このことがもう一つの大きな喪失でした。すべてがうまくいくような関係を最後に見つけるという夢（希望）――夫、父親を得るという夢――は台無しになりました。私の家族は二度と幸せになれないでしょう。私の求めるべきものは、もはや継父がいなくてもまとまっている家族であるに違いないと思いました。私たち三人は、それが気に入ろうと入るまいと、三人だけで生きていかなければなりませんでした。私にとってこの状況は事態の始まりということでした。悪夢は終わらないと思っていました。

私たちは「あらゆる正しいこと」をしました。息子はカウンセリングに行きました。家族は家族カウンセラーのもとへ行き、私は自分のカウンセラーのところへ行きました。「親グループ」にも行きました。息子は怒りをコントロールする訓練のためのグループにも参加し、私は自立のための本を読み、独身者そして片親として気分よく幸せに感じる方法に取り組みました。私は今でもこれらの問題に取り組み続けています。私の娘は被害者でした。でも、娘はこれ以上カウンセリングに参加することをきっぱり断っています。

いまや五カ月が経ち、私は自分の家でわなに陥り、四人になるという経験について話したいと思います。長椅子で寝るようになってから一週間経った後も、息子が妹にさらに危害を与えたり、私を傷つけようとしたりさえするんじゃないかと怖れ続けました。私はドアを開けて、耳は「はっきりと目覚めた」状態で眠ることを覚えました。

仕事中に警察から呼び出しを受けました。短時間であっても娘を息子と二人きりにしないように、思いがけず突然仕事を止めて急いで帰宅しなければならないことがありました。もし私が外出しなければならず、娘が一緒に行きたがらない場合には、公認の付添人に一緒にいてもらわなければなりませんでした。通常は息子を一緒に連れて行きました。なぜなら他に選択肢がないこともあったからです。

雇い主と上司が理解を示し、支援してくれたので、私は家族の新しいニーズを満たすことができました。彼らは私を親として、一人の人間として、あるいは専門家として判断し、評価してくれたと思います。彼らの支援によって、少しずつ自尊心を強めていくことができました。継続して取り組めば、私たちは回復可能であり、苦しんできたトラウマに対して健全なやり方で適応することを学習できるのだということに望みを抱いています。

第3章

よくある質問

性問題行動のある子どもや少年少女の親は、しばしば以下のような質問をします。

Q 子ども期の正常な性行動と、暴力的あるいは不適切な性行動との違いは、どのようにして分かるでしょうか

特定の出来事が暴力的であるか、あるいは被害を与えるかどうかを決めるには、訓練と経験がいります。子どもはよく、他の子どもと性的な遊びをすることでセクシュアリティを試してみます。いくつかのガイドラインが、親として判断するのに助けになるでしょう。以下の質問のどれかに対する答えが「はい」の場合、おそらく性的な出来事は単なる実験ではなく、専門家によるさらなるアセスメントが必要です。

- 関係のある子どものうちの一人は、他の子どもより三歳以上年上だったり、年齢差に関係なく体がより大きかったり、あるいは攻撃的だったりしましたか（暴力的な関係は、性加害者が被害者よりもパワーや知識をもっていることに左右されます。そのパワーは年齢や経験からくることもありますが、いつもそうとは限りません。一方に、よりパワーや知識があったり、強制的なやり方で進んでそれを用いたりする場合、年齢の近い子どもであっても性暴力行動に関与し得ます）。
- その性的接触は、ペニスや指、他のもの（ペン、ろうそく、ビン、棒切れ）による口、膣あるいは肛門への挿入といった侵入的な性的接触を含んでいましたか。

●他の子どもの追従を得るために、子どもの一人が強制力、トリック、威圧、わいろ、脅しを用いましたか。

●子どもの一人が以前に性行動に関係していたり、止めるように言われたにもかかわらず、続けていたりしますか。

性器を見たり感じたりすることに関する好奇心は、たいていの場合正常であり、特に子どもが七歳未満の場合はそうです。「君のを見せてくれたら、僕のも見せるよ」といった行動は、子ども期には普通のことです。しかし、成人の性的な行動に興奮をおぼえる子どもはほぼ必ず、性虐待を受けたこと、たとえばじかに、あるいはテレビ番組、映画や雑誌、インターネットでほかの人のを見たり、電話相談番組で聞いたり、それに参加したりすることによって、かつて性行動にさらされてきたといって過言ではありません。

どのような性行動がそれぞれの発達段階で予想されるかについて、以下に簡単にまとめてあります。

〇～五歳　小さい頃、子どもは服を脱ぐのが好きです。加えて、よく自分の性器を触っているのが観察され、早い年齢でも、多くの子どもが自己刺激行動やマスターベーションさえしています。マスターベーションは緊張を減らし、幼児に快感を与え得るのです。また、幼児は自分の体、そして他の人の体に非常に好奇心をもっています。幼児は、他の子どもや大人の大切な場所（プライベート・パーツ）（男性の性器、女性の性器と胸）を見ようとしたり、触ろうとするかもしれません。膣や肛門への挿入、あらゆるタイプの口と性器の接触を行って、それに興奮をおぼえる五歳以下の子どもは、性問題行動のある子どもを評価し、治療している専門家によってアセスメントを受けるべきです。

六～九歳　子どもは自分の体と、他の子どもの体への関心を示し続けます。子どもは性的な言葉を使ったり、理解してもいない性的な冗談を言ったりします。彼らが「お医者さんごっこ」のような、見たり触ったりする遊びをするのは、普通のことです。膣や肛門への挿入や、オーラル・セックスをしようとしているこの年齢の子どもは、おそらく規範を超えた性行動をしており、専門家によるアセスメントを受けるべきでしょう。

十～十二歳　多くの子どもが、およそこの時期にマスターベーションを始め、性衝動が高まることも予想の範囲内です。同年齢の子どもとの性行動がますます多くなることは一般的なことで、触れ合い、キスし、性器を愛撫するといったことを行います。多くの子どもが、同性の仲間とこれらの行動を行いますが、それは最終的に自分のことを同性愛あるいは両性愛と見なすことを意味していません。同性との性行動は発達的に正常なものです。非常に幼い子ども（自分よりも二～三歳以上も年下）と性行動をしていたり、この年齢で、自分の性行動を達成するために脅しや強制力、わいろを用いたりする子どもは、年齢や相手の性別に関わりなく、専門家によるアセスメントを受けるべきです。

十三〜十八歳　少年も少女もたいていマスターベーションを始め、よくそれをします。一日に一回ということも珍しくありません。一般的でないのは、子ども（あるいは大人）がマスターベーションをするのを他の人に観察されたり、「見つけられる」ことです。なかには例外もあるでしょうが、ほとんどの人は、マスターベーションを人に見られるようなことは一生のうちでめったにありません。しょっちゅう人にマスターベーションをしているところを見られる少年少女は、強迫的にマスターベーションを行っていて、自分の周りで起こっていることに気づかないためか、誰かに自分を見てもらうことでさらに刺激を求めたりしているのかもしれません。いずれにせよ、こういった行動のある少年少女は、専門家によるアセスメントを受ける必要があるでしょう。また、少年少女は口と性器の接触（フェラチオは口とペニスとの接触を伴い、クンニリングスは口と膣との接触を伴います）、膣への挿入といった性行動も行い始めます。心ある大人としては、避妊の責任を負うための必要な情報と適切な性教育が少年少女に提供され、自分とパートナーの性感染症を避けるために検査を受けることを望みます。

幼児に触ったり、関係を無視して同意なしに性行動を行うために仲間に強制力を行使したり、性的接触を得るために、相手となる可能性のある人に薬物やアルコールを勧めたりしている少年少女には性問題行動があることが多く、専門家によるアセスメントが必要です。また、繰り返しテレフォン・クラブに電話したり、知らない人や知り合いに電話して性的な話をするような、自分の衝動をコントロールできない少年少女、あるいは下着を盗んだり、性器を露出したりする青少年も専門家によるアセスメントを受ける必要があります。

Q 性問題行動のあるすべての子ども、少年少女に、性暴力の被害体験があるというのは本当でしょうか

いいえ、必ずしも性暴力を振るうすべての子どもが、直接的に性暴力の被害に遭ったとは限りません。通所による治療教育のプログラムでは、半数以上の少年少女が性暴力を振るわれていませんでした。ＡＤＨＤや、幼児への頻繁で監視のない接近、薬物やアルコールの使用、ソーシャル・スキルの乏しさ、社会的孤立といった他の要因も、必ずしも性暴力を経験してきていない子どもや青少年の不適切な性行動の発達に役割を果たし得るのです。

ポルノ、身体的虐待、養育放棄（ネグレクト）にさらされたり、親の自我境界線が弱いといった要因も、性的な行動化につながる動機づけを提供します。たしかに、性行動化する子どもたちに性暴力被害体験が多いことはありますが、直接的な性暴力被害を経験せず性行動化する子どもたちもたくさんいます。最新の統計によると、性暴力行動を行う思春期の少女には、思春期の少年よりも性暴力の被害歴が多いようです。子どものセラピストは、子どもの成育歴に性暴力の被害経験があったかどうか判断するために、熱心に取り組むでしょう。何らかの被害体験があったのではないかと思う場合、その情報を子どもの治療教育の提供者と共有することが非常に重要です。

Q 子どもや少年少女が性的に行動化する原因は何でしょうか

研究が示してきたのは、性行動化は多くの家族・社会的学習、および発達的・状況的・環境的要因の組み合わせの結果であるということです。言い換えると、子どもは多くの異なった理由で、性問題行動を発達させ得るのです。身体的・性的な暴力体験、配偶者間暴力にさらされること、抑圧的あるいは過度に寛容な性的な態度、家庭の不安定さはすべて、対処反応として性的な行動化を子どもが用いることに寄与し得るのです。

さらに、衝動コントロールの弱さ、性的な情報の少なさ、社会的孤立、低い自尊心といった要因も性的な行動化を行う子どもや青少年の選択に寄与し得ます。仲間からのプレッシャーやアルコール乱用も、デート強姦などの暴力的な性行動に寄与し得ることがあります。ポルノに近づく機会は、性的に無知な幼い子どもや、とても衝動的な子どもに重要な役割を果たします。

監督の質と、被害を受けやすい人物（すなわち、被害者となる可能性のある人）の存在も、重要な状況要因です。人が密集している生活状態（個人の寝室がないといった）、性的活動を見聞きしたり、そのイメージにさらされたりすることも、性行動化の一因となる環境要因です。最近では、インターネットが、何百万人という子どもや青少年に、莫大な量の性情報、性的な話題、簡単に入手できるポルノをもたらしてきています。

『回復への道のり　パスウェイズ』と『回復への道のり　ロードマップ』で子どもが学ぶのは、性行動化にはたった一つの原因といったものはないということです。実際、子どもは自分の行動が個人的な選択と関係していたことを学ぶでしょう。『回復への道のり　パスウェイズ』と『回復への道のり　ロードマップ』は両方とも、すべての行動選択に対する個人の責任を強調しています。その意味では、子どもは性行動化に対する魔法のような治療法はないということを学ぶでしょう。判断決定のまずさに対する治療法はありません。性問題行動に対する効果的な治療教育には、日常生活のすべての面で、クライエントが責任のある人間になることが必要です。

要約すると、性問題行動のある子ども、少年少女は多様な一群であり、性行動化の唯一の原因はありません。ごく一般的な外来形式の治療教育プログラムには、成績優秀な生徒と平均以下の生徒、運動能力の高い少年と低い少年、信仰の篤いクライエントと信仰をもたないクライエント、高機能な少年と低機能の少年、男子と女子といった様々な人々が参加しているのが見られます。

Q 性問題行動のある子どもや少年少女は、どのような枠組みで治療されるでしょうか

性問題行動のある子どもが、適切なコントロールと監督されている安定した生活状況にいる場合には、基本的に、通所で治療できます。少年少女の性行動が暴力的である場合、あるいは子どもの親や養育者が子どもをコントロールできない、家庭内の被害者を守れないと感じている場合、施設内での治療教育が示唆されます。重要なのは、性問題行動のある子どもや青少年への働きかけを専門としているカウンセラーを、親が

自分のいるコミュニティで見つけることです。

Q　性問題行動のある子どもや少年少女に対する治療教育は、どのくらい効果がありますか

再犯は再び性暴力を犯すことを表す言葉で、再犯率は治療教育プログラムがどの程度効果があるかに関する一つの測定方法です。五年以上にわたって再犯率を調査した研究は、ほとんどありません。いくつかの研究によれば、他の深刻な非行歴や行為障害の既往歴のない子どもと青少年に関しては、五年以上たっても、八〜一五％という低い再犯率が示されています。非行行動パターンのある少年少女では、五〇％が非行行動の問題をもち続けていますが、それは必ずしも性犯罪の再犯を含むとは限りません。性問題行動のある子どもと少年少女の多くが、性暴力行動を続けて成人の性犯罪者になるわけではないように思えるのは朗報です。効果的な治療教育と適切な監督があれば、性問題行動をもつほとんどの子どもと少年少女は地域社会にとどまり、成功裏に人生をおくることができるのです。

Q　性問題行動のある子どもと少年少女の治療教育で、成功はどのように定義されますか

効果的な治療教育は、子どもが生涯にわたって、攻撃的あるいは法に触れる性行動を二度と行わないという意味ではありません。一九九三年、連邦政府の作業委員会が性暴力少年の治療教育に関する実践基準を作成し、治療の進展を示す指標に関するリストを考案しました。以下のリストは、それらの指標に基づいています。

性問題行動のある思春期の少年少女のための治療教育進展の指標

概要：クライエントの治療教育の進展の有無は、クライエントが一定の測定可能な目標や目的を達成したかどうか、治療教育に協働的であるかどうか、自分の考え方や行動のコントロールおよび責任を維持しているかどうか、性暴力を支持する思考パターンを変化させているかどうか、セラピストや親、養育者が長期的に確認し得る行動上の変化をしているかどうか、を検討することで評価されます。

クライエントが前進を示しているのは、次のような場合です。

1. 自分のしたことを否認したり、行動を最小化したりせず、また被害者や制度、あるいは他の誰かのせいにしたりしないで、不適切あるいは法に触れる性行動における自分の責任を認める。
2. 治療教育の目標に向けて取り組んでいることを、行動で示す。
3. 自分の性暴力パターンに寄与する要因を知っている（自分の性暴力のサイクルを示すことができる）。
4. これらの原因となる要因を肯定的に変化させたか、あるいはこれらの課題と取り組みつつある。
5. 自分の行動がどのように被害者を傷つけたかを学び、自分の行動が他の人に与える影響について考える際に共感を示す。
6. 人に危害を加えないような方法で情緒的ストレスに対処でき、否定的な感情を変化させる方法を学んだ。

7. 自分について良い感じを学んだ。
8. 同年齢の相手との責任と同意に基づく交際と性ファンタジーを報告する。
9. 肯定的な役割モデルである他の少年少女（たとえば，学業や仕事上の良い習慣があり，アルコールや薬物を摂取しないで楽しむことができ，犯罪行為に関係していないような少年少女）と，肯定的で性的でない社会活動に参加している。
10. 家族との良い関係や相互作用がある。
11. 自分の考え，ファンタジー，行動を検討する際に，率直に正直に打ち明ける。
12. ファンタジーのなか，あるいは社会や家族の状況のなかで，被害者となる可能性のある人に対する性的関心を減らし，コントロールできる。
13. 被害者がいたり，同意を伴わないセックスといったりしたファンタジーはほとんどなく，同年代や同程度の能力のパートナーと，健全で暴力的ではない，同意に基づく性関係というファンタジーをより多くもつ。
14. 自分および他の人の非合理的な考え方（思考の誤り）がなぜ誤っているのかを理解し，反論できる。
15. 自分の性暴力のパターンやサイクルを止めることができ，破壊的あるいは危険な行動パターンが始まったときに，援助を求めることができる。
16. 攻撃的ではないやり方で，しかしはっきりと自己主張し，他の人に考えや感情を伝えることができる。
17. 過去に性暴力の被害者となったり，家族や親友との死別あるいは別離を経験したりしたことにまつわる課題を解決するために，感情に関する取り組みをいくらかでも行った。

18. 普通の活動で喜びを経験できる。
19. 治療教育で学んでいる新しい行動パターンを理解して伝えることができ、その新しいパターンを家庭や地域での行動に移せる。
20. 家族（や支援者たち）が性暴力のサイクルにおける危険因子を理解するのを助け、クライエントが違うやり方でそれらに対処するのを手助けする方法を伝えた。

性問題行動のある子どもに関して、シアトルにあるハーバービュー性暴力センターのルーシー・バーリナーが、基本的ですが、適切な治療教育の目標を述べています。

性攻撃的な子ども（六〜十二歳）の治療目標

1. 正確な性知識をもつ。
2. 健康的な性行動のルールをもつ。
3. 自分のしたこと（性行動）について話せる。
4. 状況における自分の責任を正確に理解している。
5. 性行動に関係する思考の歪みに気づく。
6. 再び性暴力をしたいと思ったときに、自分がすることになっている介入計画がある。
7. 援助を求めるべきところを知っている。
8. 暴力的な考え方が生じた場合に用いるスキルをもっている。

9. 家族が効果的に子どもを監督し、他の子どもとの接触を詳細に監視する。
10. 家族環境が性暴力の生じる可能性を低めている。他の家族メンバーの境界線と行動が適切である。

Q 子どもに関して、治療教育の成功や失敗を示すものが何かあるでしょうか

それぞれのクライエントに対する治療教育の相対的な成功を予測する多くの要因があります。クライエントが性暴力を振るったり、性的に行動化したりすることが長く続いていて、頻繁であればあるほど、治療教育は難しくなります。十歳の子どもでも、三～四年間の性行動化歴があることもあります。他の要因には、クライエントに他の問題行動があるかどうか、それらがどれほど深刻で破壊的であるかがあります。少年少女の「行為障害」の程度が重いほど、治療教育の過程は難しくなります。また、子どもの生活環境がどれほど安定しているか、あるいは不安定かという要因もあります。里親家庭やグループ・ホームにいる性問題行動のある子どもは、長期的な愛着や関係を築くことに困難があります。この要因は治療その他の関係における信頼感を築きにくくするので、治療教育を複雑にします。

Q 治療教育はどれくらい継続しますか

これは、子どもの性問題行動がどのくらい続いており、その行動がどれほど根深くて衝動的か、および治療教育プログラムがどのくらい集中的かによって大きく左右されます。親が支持的で、治療教育に参加し、子どもに適切な監督を提供することは有益です。一般的には、週一回の外来治療で概ね十八カ月が平均的で、最低六カ月は必要と考えられています。性的な行動化歴が長い少年少女のなかには、三年以上の専門的な力

ウンセリングや、居住施設での集中的な治療教育が必要となる者もいます。

思春期開始前の十二歳以下の子どもが性問題行動を発展させる場合、別の要因が関係してきます。たとえば、九歳の男児が五歳の子どもに対して性的に行動化する場合、一般に九歳の子どもはかなり早く治療教育を開始し、十歳か十一歳頃には修了する準備をするでしょう。しかし、その年齢の子ども、特に男児は一般に、思春期に経験するような強い性的感情を理解していません。思春期に入るとあらたな性的感情の感覚と強さが、最初の段階の治療教育で扱った以前の思考や感情のパターンを再び活性化させることがあります。したがって、子どもの治療提供者とこの問題について話し合うことが、とても重要です。経験から言えるのは、思春期が始まる前に治療教育を終えることは子どものためにならないということです。思春期の一年目にも断続的な治療関係を維持することが、得策であることが多いのです。

お子さんが何歳であっても、あなたはお子さんが自分の治療教育に責任をもつことを励ますことができます。治療教育の継続期間は、本人がどのくらい熱心に取り組むか、宿題をちゃんとやるか、グループや個別のセッションにどのくらい積極的に参加するか、治療教育で学んだことを日常生活の状況にあてはめる意志と能力によって大きく左右されることを、お子さんに伝えてください。

Q 性問題行動について、子どもとどうやって話せばよいでしょうか

本書と未記入の『回復への道のり　パスウェイズ』や『回復への道のり　ロードマップ』のワークブック

を読むことで、あなたはすばらしいスタートを切ることができました。お子さんと話す方法にまだ不安がある場合、お子さんのカウンセラーに援助を求めることを考えましょう。お子さんとカウンセラーの一セッションを座ってみていることが、ときに、性暴力やセクシュアリティといった、話すのが難しい問題を子どもと話す方法に関する知識を提供してくれるでしょう。最も良いのは、単刀直入になることです。お子さんのカウンセリングが進展し、あなたが性についての話題を安心して受け入れられるようになるにつれて、お子さんのカウンセラー（およびあなたのお子さん）から、子どもの治療教育のワークブックを部分的に見てもよいという了解を得るでしょう。お子さんおよびカウンセラーと一緒に見ることで、重大な問題が再び起こる前に、お子さんが感情や衝動についてあなたに話しにくる可能性が増すでしょう。

Q　子どもが性行動をしていることを否認していても起訴されるのでしょうか

はじめに言います。驚かないでください。ほぼすべての子どもと少年少女が、特に親に対して、初めのうち、自分の性行動を完全に否認します。ほとんどのクライエントは、本当のことを話すためのカウンセリングとサポートがあれば、自分の性暴力行動を完全に打ち明けることに向けて、やがて徐々に進んでいきます。あなたができる最善のことは、お子さんの話を注意深く聴き、あらゆる矛盾に気づき、お子さんの話が後で変わったとしても、話していいよとお子さんを安心させることです。うちの子が性非行を行ったはずがないということに同意することによって、お子さんの否認を決して支持してはいけません。たとえ、起こったことについて疑問をもったとしても、あらゆることが生じたかもしれないという可能性に中立かつオープンになり、子どもの説明や言い訳に対する支持や信用を示すことは避けましょう。

子どもがすべての性問題行動を完全に否認している場合、次に打つ手は、本当のことを知るのを助けるにはどうすれば良いかをお子さんのカウンセラーと話すことです。否認は、故意の嘘であり、人を傷つけたことに対する反省のなさと受け取られることが多いため、公的な調査が始まる前に、お子さんが否認の段階を通り過ぎる手助けをするのが良い結果を招きます。裁判官は、審判の前にお子さんが否認の段階を過ぎていれば、処罰の必要がある者としてではなく、適切な援助や監督によって救済することができる者として、お子さんを理解することが多くなります。

Q 話題にし続けることによって、かえって問題が悪化することはないでしょうか

そんなことはありません。むしろ問題を無視したり、避けたりすることによって悪化することがあり得ます。もちろん、お子さんが自分のしたことを話すのを居心地悪く思うのは当然です。その居心地の悪さは、性行動化や性暴力が、自分のやったことに直面しなければならない居心地の悪さに釣り合わないということを思い出させるのに役立つでしょう。積極的に話し、専門的な治療教育プログラムに参加することが、性行動化を止めるのを手助けする最善の方法です。

秘密にしておくことは、性暴力がどのようにして起こり、どれくらい続くかということに大きな役割を果たします。お子さんが自分の思考、感情、行動について話すどんなことも、治療提供者と共有されるべきです。ついには、お子さんがしたことと、人を傷つけるような行動につながった思考や感情をすべて知ることになるでしょう。あなたとお子さんは、どのような代償を払ってでも秘密を避けるべきです！　親として、

治療教育の過程におけるすべての要素について知っておく必要があります。

親はしばしば性的な話題に居心地の悪さを感じ、子どもに何と言っていいか分からないことが多いのです。本書の末尾に、『回復への道のり　ロードマップ』や『回復への道のり　パスウェイズ』での治療教育を進めるにつれて、お子さんに尋ねることができる質問のリストが載っています。質問してみましょう。お子さんの治療教育に参加して、関わり続けましょう。親向けの支援グループや教育グループを備えている治療教育プログラムもあります。自分の地域にそのようなグループがあるかどうか、お子さんの治療提供者に尋ねましょう。もしあるなら、参加しましょう。たとえグループを利用できなくても、子どもの治療提供者と頻繁に話しましょう。週一回の頻度でカウンセラーと連絡を取り、いつでも話ができるようにしておくことです。

Q 子どもの行動が、治療教育プログラムにいる他の子どもや少年少女ほどひどくなかったらどうなるでしょうか　子どもがより悪化した行動に曝（さら）されたり、場合によっては被害を受けたりするでしょうか

自分の子どもが幼児から性暴力あるいは性問題行動のある子どもに成長することを、多くの親はなかなか考えられません。すぐれた治療教育プログラムには、グループ・セラピーでの行動についての厳格な規則があり、外来の治療教育プログラムに参加しているほとんどのクライエントが、新しいスキルを学んで、自分

の生活をコントロールすることに一生懸命取り組んでいます。大部分の治療教育グループは、クライエントが生活上のすべての問題に対処するための援助を得られる支持的な場所です。

すぐれた治療教育プログラムは、人に危害を与えるような行動を治療教育の間に行うことを認めておらず、セクシュアリティ、薬物および犯罪・非行についての良くない態度が、治療教育プログラムで強力に挑戦されます。オフィスやオフィスの外で気にかかる行動を目にした場合、適切な行動をとれるように、そのことを治療提供者と話し合うことです。

これらの子どもの行動に関する不安のため、治療教育プログラムを行うオフィスを見つけるのが難しい状況です。カウンセラーのオフィスで子どもの行動を監督し、お子さんが毎回のセッションの準備ができているのを確認することで、子どもの治療教育プログラムが近隣の人たちとうまくやっていくのを手助けすることができます。

Q 子どもの学校の担任や校長に何か言うべきですか

一般的に、性行動が校内で起こったり、子どもが非常に衝動的なため、学校の職員が被害や危害を受ける可能性のある人を守るための情報が必要である場合、特定の職員に子どもの性行動を伝えるべきです。お子さんの性問題行動が慢性的な（止めようとする努力にもかかわらず続く）場合、あるいは彼または彼女の機能が非常に低かったり、特別な監督を要したりする場合には、お子さんの問題を話し合うために、学校長やカウンセリング・スタッフと面会するのが常に得策です。

性問題行動のある子どもと少年少女には、プライバシーの権利があります。一般的な基準は、他の人が守られることを保証するのに必要な情報を公表することです。いくつかの州では、問題行動を認めたり、性暴力で係属された少年少女について、少年裁判所が必ず学校長に報告するように法律で義務づけています。そういう場合は、公的な報告が行く前に、親が学校の職員と面会するのが得策でしょう。学校の職員に話すかどうか、どの職員に話すべきか、彼らにどのように伝えるかを決めることは、子どもの治療提供者と話し合った後で、子どもとその親が慎重に考えるべきです。

Q 他の子どものそばにいても自分の子どもを再び信用できるのは、いつでしょうか

もっとも安全な回答は、聞きたくないと思うかもしれませんが、おそらくそれほど長い間ではないということです。この回答が認めているのは、子どもと一緒にいるときに子どもたちだけにしないことが、さらなる性暴力に対する非常に重要な外的砦になるということです。

とても動揺する話かもしれませんが、事実に基づく事例を読んでみてください。おそらくあなたのお子さんはこれほど極端ではないでしょうが、これも現実[†]です。

（†原注）Eisher, B.（comp.）（1994, May 12）Report on the process and procedure in the supervision of Jason Carl Gamache. Vancouver, BC. Pacific Northwest の多くの新聞で報道された。

一九九二年十一月に、ジェイソン・ガマシェという少年が、近所の何人かの子どもに対するわいせつ行為で、ブリティッシュ・コロンビア州のナナイモで処分を受けました。アセスメントの後、ジェイソンは三年間の保護観察を受け、個別セラピー、家族セラピー、グループ・セラピーを組み合わせた外来の治療教育プログラムに参加することを命じられました。ジェイソンは危険性の低い性暴力少年だとみなされたのです。処分を受けてすぐに、ジェイソンと母親は団地に引っ越しました。母親と父親が別居したのです。ジェイソンはセラピーによく参加しているとみなされて、一九九三年の夏には、他の少年たちと一緒にボーイスカウトのキャンプに行くことを許可されました。団地で子どもと一緒に遊んでいたという報告が一度ありましたが、その報告は保護観察官やジェイソンのカウンセラーによる家庭訪問のきっかけにはなりませんでした。

一九九三年十月十九日、ジェイソンは退屈していました。報告によると、彼は一緒に遊ぶ子どもを見つけるために外出し、しばらくかくれんぼをしました。それから彼は、隣りに住む六歳の女の子の家に歩いていきました。約一時間後、その少女がアパートで死亡しているのが発見されました。警察が到着したとき、ジェイソンは団地の外の駐車場にいました。警察はジェイソンに性暴力の前歴があったことに気づきませんでした。というのは、当時は、当局が保護観察中の性暴力少年について定期的に報告するということはしていなかったからです。ある隣人が、亡くなった子どもの母親を見つけるために、死亡した少女のきょうだいの子守をジェイソンに頼みました。母親が見つかって、子どもを亡くした母親を慰めている間、別の隣人がもう一時間くらい子どもと一緒にいるようにジェイソンに頼みました。

その十月の残り、そして十一月、十二月と、警察が徹底した捜査を行っている間、ジェイソンは週一回の治療教育に参加し続けていました。一九九三年十二月十七日に、ジェイソン・ガマシェは逮捕され、後に六歳の少女の殺人で有罪を宣告されました。彼は現在、ブリティッシュ・コロンビア州で施設収容されています。

この事例がはっきりと示しているのは、裁判所の職員や治療教育の担当者の危険を予測する能力がやや未熟で、不正確だということです。研究のおかげで、今日私たちは危険因子について、より精緻で正確な知識をもっていますが、それでも完全ではありません。しかし、ジェイソン・ガマシェの事例は、あなたは自分の子どもが罪のない協力的な子だと知っていても、なぜその子が潜在的に危険性のある人物と見なされるのかを説明するのに役立ちます。

クライエントと親が理解しなければならないのは、再犯やさらなる性問題行動の可能性が常にあるということです。性行動化につながった思考や感情は、ほぼ確実に再起します。子どもがそれらの感情にどのように対処するかが、性暴力のない将来と再犯との差となるのです。心配して関わっている親として、あなたと子どもが性暴力に対する砦を築いて、維持できればできるほど、子どもが再び性行動化する危険性はますます低くなります。性暴力の四つの前提条件を理解するために、図3－1を参照してください。『回復への道のり　パスウェイズ』と『回復への道のり　ロードマップ』でクライエントが学ぶのは、あらゆる治療教育過程の重要な部分が、さらなる性行動化を防ぐ砦や壁を築くことだということです。たった一つの砦や壁を築くだけでは、十分ではありません。ジェイソン・ガマシェについて少し考えてみましょう。治療教育で自分の感情について、より正直になっていれば、おそらく彼は治療教育のグループ・セラピストに不適切な思考や衝動を話したでしょう。そして、さらなる治療教育の働きかけは、ジェイソンが自分の衝動をコントロールできることに役立ったでしょう。性暴力的なファンタジーと衝動をコントロールすることは、動機づけの砦（内的な壁とも呼ばれる）を築くことの一部です。保護観察官とセラピストが団地を訪問して、幼い子どもが近くで遊んでいることに気づいていれば、ジェイソンの幼児への接近を制限するより強力な規則を命じたでしょう。ジェイソンの再発を予防し得る外的なバリア（外的な壁とも呼ばれる）を築くのを援助するために、より良い監督を設けられたはずです。

図３－１のイラストは、アセスメントと治療教育の過程の枠組みを提示しています[†]。クライエントが発見するのは、それらの四つの壁が、性行動化する前には強くなかった理由です。クライエントは、できるだけ高く四つのバリアを築くことができる方法と、「はしご」や「階段」をはずし、また過去に壁を乗り越えるために用いた「電気ドリル」の電源を抜くのに必要な方法と理由を学びます。親と子どもの両者がこれらのスキルを学ぶ場合、将来のさらなる性行動化を避けるのにとても役立ちます。

（†原注）Finkelhor,D.（1984）. *Child sexual abuse : New theory and research.* pp. 53-68 New York : Free Press. の文献に基づいている。

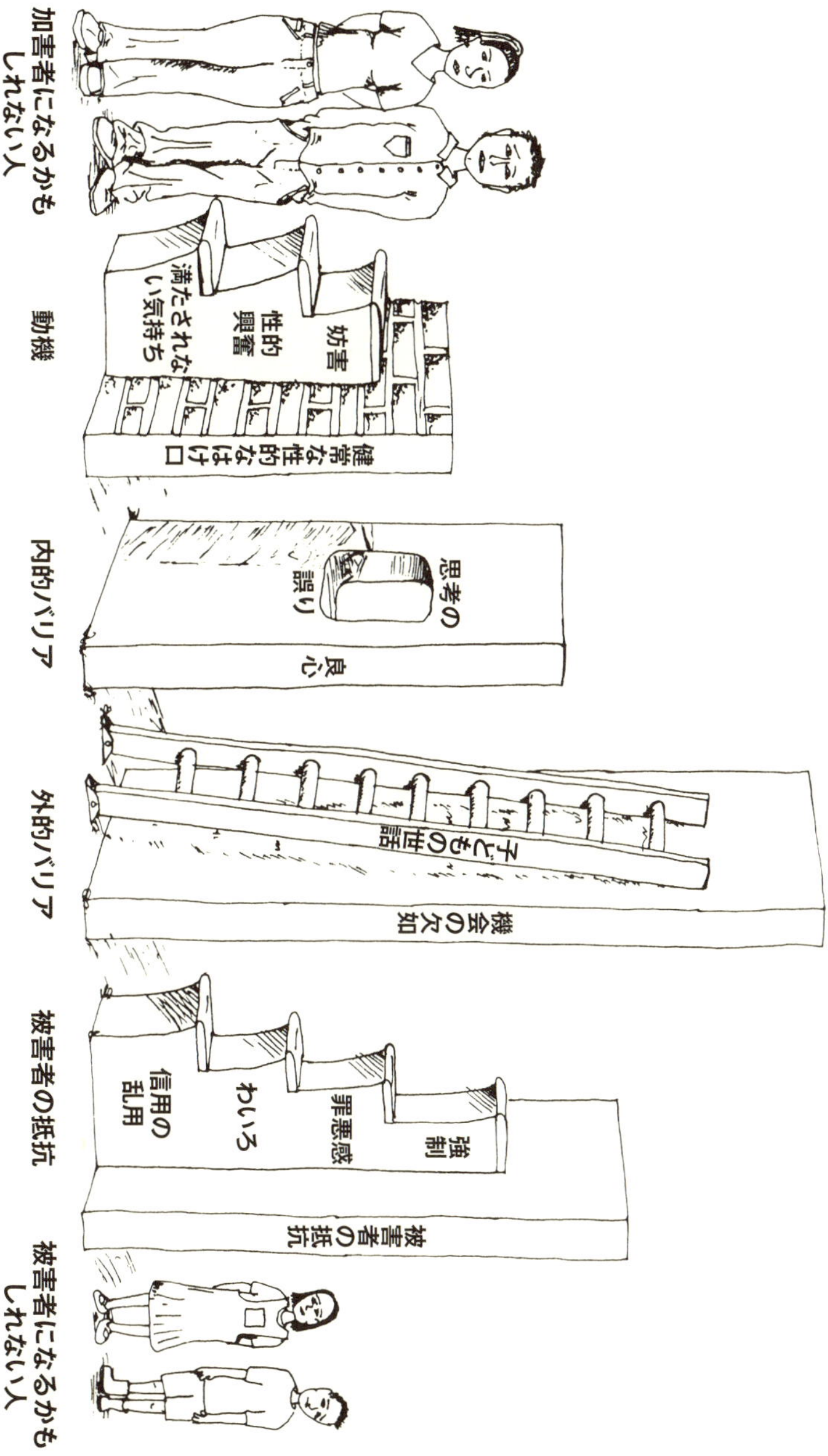

図 3-1　アセスメントと治療教育の過程の枠組み

他の親たちがしてきたような間違いをしないでください。あまりにも多くの親が、自分の信頼を示すために、治療教育後に子どもの世話や子守をすることを性問題行動のある少年少女に頼みます。親は、時々、一回だけ、うちの子の問題が治ったと自分や周囲に示すためにやってみようと思うかもしれません。残念ながら、こうした行動は、実際には子どもに再犯の機会を与え、再犯を助長するのです。

性行動化のいくつかの要素が、アルコール依存や摂食障害といった嗜癖行動と類似しているのを思い出すことが役に立つかもしれません。アルコール依存からの回復者の良い友達や親戚は、回復者の意志の強さを試したり、自分たちの信頼を示すために彼らを飲み屋に連れて行ったりはしません。二十年間アルコールを摂取していないアルコール依存者であっても、自分のことをいまだアルコール依存者と考えています。彼らは毎日毎日、アルコールを飲まないという行動を選ぶことで自分をコントロールしています。アルコール依存は完治しませんが、援助と支援で行動をコントロールすることができます。性問題のある人も同じような態度を発達させることが必要ですが、性衝動のコントロールは食事療法に、より似ています。両方とも本能的であり、人間存在の重要な部分であるという点で、食事療法は性衝動に非常に類似している衝動（摂食）のコントロールを含みます。研究と経験によって私たちが知っているのは、一時的なダイエットは効果がなく、体重を減らすことは、多くの環境上の支援を伴う生活様式の大きな変化を永遠に必要とするということです。性的感情の健全なコントロールも、健全な性的価値観を学んで維持するためには周囲の人々の支援システムを必要とします。

Q　子どもは成長して成人の性犯罪者になるでしょうか

少し前の質問の答えに書いたように、性問題行動のある子どもと少年少女に関する長期的な追跡研究はほとんどありません。これまでの研究が示唆していると考えられるのは、性暴力を犯した少年の再犯（再非行）率は、成人の再犯率よりも有意に低いということです。性問題行動を対象とした治療教育プログラムを成功裏に修了する少年少女の再犯率は、さらに低くなります。一般的に認められているのは、性問題行動のある子どもと少年少女に専門的な治療教育プログラムを提供することで、性暴力の再犯がほとんどない、安全なコミュニティをもち得るということです。[†]

（†原注）Ryan, G. (2000) Fact sheet : Recidivism and treatment effectiveness of youth who sexually abuse. Denver, CO : National Adolescent Perpetration Network.

ここまでで答えられていない他の質問が、あなたにはあるかもしれません。お子さんの評価者や治療提供者に尋ねましょう。ほとんどの人があなたの関心を歓迎し、答えを見つけるのを助けてくれるでしょう。

ここで提示される最後の概念は、ＡＡプログラム（Alcoholic Anonymous：アルコール依存症者の自助グループ）の十二ステップを親向けに作り替えたものです。あなたの生活が、家族の変化と、現在家族に関わっている法律と治療教育の専門家に対処するストレスでいっぱいのときに、それらの概念があなたを落ち着かせてくれるかもしれません。親向けの十二ステップは、終わりがないように思えることに一定の構造を与えます。性行動化した少年をもつ一人の母親のコメントについて考えてみてください。

息子が性暴力をしたことに伴うできごとは、他の多くの人生経験よりも大きくて差し迫った長期的な影響を及ぼしました。おそらく数年間は振り返り、人生における節目となるでしょう。私には分かりません。そうなることを望みます。この問題についてのもっとも恐ろしい面の一つは、終わりがなく、忘れられる区切りがないように思えることです。

『回復への道のり　パスウェイズ』と『回復への道のり　ロードマップ』で子どもが学ぶのは、性問題行動の治療法はないけれども、コントロールはできるということです。生活様式を変化させて、それを維持し、警告サインに注意を払い、危険性の高い状況を回避し、安定した長続きする健全な関係をもつことで、将来の性問題行動から離れることができます。これらの問題と強力な支援システムに注意を払うことで、コントロールが可能になり、家族は最終的に、ある程度、通常の生活に戻ることができます。治療教育で達成された変化を維持する子どもの努力を支援し、監督し続けることが、親としてのあなたの責任です。将来の性問題行動を予防するもっとも効果的な方法の一つは、子どもが被害者となる可能性のある人と接触するのを制限する外的なバリアを設けることだということを思い出しましょう。治療教育が成功裏に修了し、子どもの再発防止計画に注意を払い続ければ、子どもの将来が、健全で生産的な関係の可能性をもっていることが分かるでしょう。

親向けの十二ステップ

性問題行動のある子どもや少年少女をもつ親に向けた以下の十二ステップのリストは、子どものための治療教育過程を支援し、強化する方法を検討するのに役立ちます。子どもの行動と治療教育について肯定的で健全な態度を身につけられる方法についての考え方を、このリストが与えてくれるでしょう[†]。

（†原注）MacFarlane, K., & Cunningham, C.（1988）*Steps to healthy touching*. Reprinted with permission of KIPSRIGHTS.

1. 私は子どもが不適切な性行動に関わり、その問題が自分や家族にとってあまりにも大きいため、一人では扱えないことを認めます。
2. 私が信じているのは、子どもと家族を心配し、この問題に対する援助をしてくれる人がいることです（私たちがそれを受け入れれば、私たちより大きな力が、助けてくれることも信じています）。
3. 家族がこの問題をコントロールするのを、それを理解してくれる人々に委ねる決心をしました。
4. 私は家族の問題で、他の人や「制度」を非難することを止めて、この問題がどれほど重大であるかを認めます。
5. 私は自分自身に対して、また他の人に対して（そしてより大きな力に対して）、子どものしたことが間違っていて、他の人を傷つけるものだということをありのままに認めます。また、自分が無意識のうちに子どもの不適切な行動に寄与してきた可能性も認めます。

6. 子どもが自分の行動を変化させるのに役立つ必要のあることは何でもする準備ができています。家族が感情を伝える、より良い方法を見出せるようにするために、私は進んで自分の行動、態度、感情を検討します。

7. 自分の個人的な問題が、問題のある子どもを援助するのを妨げないようにするために、私は進んで自分の被害体験や暴力的、嗜癖的な行動の履歴を検討します。

8. 自分自身と家族について変えられることと、変えられないことがあることを、私は理解しています。自分の欠点から始めることで、自分にできることを変えることに取り組んでいます。

9. 子どもがさらに暴力的な行動をする危険があることを意味するサインや状況を、私は理解できるようになっています。これらの警告的な信号に気づいたら、私は進んで援助を求めます。

10. 私は子どもの行動がもたらしてきた危害を認める準備ができており、可能なときはいつでも、子どもが償いをするのを進んで手助けします。

11. 私は子どもの問題に気づき続け、焦りや誤った安心感で反応しません。子どもが私の援助を必要としていることを理解し、他の子どもが被害に遭わないよう援助するために予防措置を講じます。

12. 私はこの問題のある子どもをもつ他の親を援助します。自分の感情と経験を共有し、彼らとその子どもに援助が必要であることを理解するのを助けることによって。

第4章

アセスメント（評価）の過程を理解する

アセスメントは、問題が何であるかを見つけ出し、それについて何をすべきかを提案する過程です。問題が子どもによる不適切もしくは違法な性行動である場合、アセスメントをする人は、子どもとその家族、被害者とその家族、子ども保護機関の代表、おそらく他の関係者とも話をします。アセスメントの専門家は、問題行動の再発を防ぐための行動を提案する前に、何が起こり、それはなぜ起こったのかということを十全に理解しようとします。子どもの思考・感情・行動が評価されます。子どもの家庭環境も評価されます（誰か加害行為について知っていた人がいたか、子どもが家族の誰かによって情緒的、身体的、あるいは性的に虐待されてきたか、家族が子どもに行動についてのルールをきちんと伝え、守らせることができるか、監督を行えるかといったことについてです）。

子どもの評価は、面接と検査で行われます。検査は心理的検査と身体的検査があり、年長の子どもに対しては、プレシスモグラフ（ペニス周囲測定器）を使って性反応を測定することや、ポリグラフ（嘘発見器）を使って嘘や真実を話すことに対しての身体的な反応を測定することもあります。

もし子どもの一人がきょうだいと性行動を行ってきたことを見つけた場合、関係する専門家によるアセスメントだけではなく、あなたも性虐待をしている子どもと被害者を一緒に家に住まわすことができるかどうかについて重大な評価をしなければなりません。次のフローチャートは、あなたもしくは子ども保護機関のケースワーカーが、加害者の子どもを家庭外に置く措置をするべきかどうかについてのガイドラインを示しています。

●性暴力少年に関する措置決定　決定にいたるフローチャート

家庭内における性行動の発覚

↓ はい

1. 行動が暴力的である、武器を使う、もしくは被害者に対してひどい傷を負わせた。また、虐待が広範囲にわたる、もしくは脅迫を用いている場合。
   - はい → すぐに家庭外へ措置
   - いいえ → 2へ

2. 親が被害者の支えになることができ、十分な監督をすることができる。
   - いいえ → すぐに家庭外へ措置
   - はい → 3へ

3. 少年が以前にも性犯罪を起こしたことがあるか、性行動の治療を受けたことがある。
   - はい → すぐに家庭外へ措置
   - いいえ → 4へ

4. 少年が行為を認めており、評価・治療・ポリグラフ検査を受ける意思がある。少年が幾分なりとも反省する力がある。
   - いいえ → すぐに家庭外へ措置
   - はい → 5へ

5. 被害者、クライエント、親が関わり、治療を受ける。クライエントは治療中、改善が見られる限り家庭にとどまる。
   - いいえ → すぐに家庭外へ措置

性問題行動をもつ子どもを一定期間家庭外に置くことは、一般的に家族全員にとって必要な休息になると考えられます。そうすることで、家庭内の被害者は、加害者がいないので秘密を守らねばという圧力を感じずに何が起こったかをより話しやすくなります。また、そうすることによって、性犯罪を犯した子どもにとっては、自分の加害行為の現実的で即時的な結果を経験し、早く治療を始めることの重要性が高まります。一時的に措置し得る場所としては、小さな子どものいない親戚、教会関係者、親しい友達の家族、里親家庭、治療施設といったものがあります。あなたのお子さんのための一時的な場を見つける援助を得るために、地域の社会福祉部門に電話をしなければならないかもしれません。

明白なことですが、子どもの世話をする者は誰であれその子どもの性問題行動について十分に知らされていなければなりません。そして、新たに一時的に過ごす場所に、年少者や被害を受ける可能性のある他の子ども（たとえば、精神的あるいは身体的にハンディキャップをもっている子ども）がいてはいけません。子どもの一時的な保護者が、子どものカウンセラーにアセスメントと治療の過程を学びに行くというのはよいことです。一時的な新しい保護者は、ほとんど一日中、子どもを監督する責任を負うでしょう。したがって、保護者が子どもの監督の必要性についてしっかりと教育を受けるということはとても重要です。

本書では、子どもが一時的に家庭外に措置された場合、子どもを家に戻す際にどのようにして安全な環境を保つかに関するガイドラインを後述しています。あなたの家で起こった性加害行為を見つけた場合、独自の判断で対応することを簡単に考えてはいけません。妹にわいせつ行為をしていたある十代の少年の母親は少年を家にとどめておくことを決めました。母親は必要な厳しい監督をすることにしました。数カ月間、新たな監督・治療の約束を強化した後、母親は自分が息子に対してますます苛立ちをおぼえていることに気づきました。そして、息子を拒否していると分かったのです。その子どもはとても深刻な自傷行為をし始めました。治療において家族力動を探ると、母親は自分が幼い時に十代の少年から性虐待を受け、その経験が解決されていないことを打ち明けました。自分の隠していた苛立ちや怒りを多くの日常生活の場面で子どもに向けていることに気づきました。たとえば、批判的なことを言ったり、過度に厳しい決まりごとを課したり、愛情を抑えたりしていました。後から考えたことですが、最初の段階で家庭外の措置がとられたならば、すべての家族メンバーにとってはるかにより良い結果になっただろうということで親子の意見は一致しました。

あなたのお子さんの性的な問題がどんなものであれ、徹底したアセスメントが必要です。徹底的なアセスメントをすることによって、お子さんの性行動が、その後の人生において一層深刻な問題にエスカレートしないという確信を得ることができます。お子さんの性行動化が適切な公的機関（子ども保護サービスもしくは法の執行機関）に報告された後、専門家のアセスメントでは、行動に寄与した要因を判断するだけでなく、お子さんが他者にどんな危険を示しているかを見定めることも求められます。専門家のアセスメントは、家族、ケースワーカー、カウンセラーが適切な治療を計画するのに役立ちます。アセスメント過程の間、専門家が行う評価では、以下に挙げたような情報を探し求めます。アセスメントをさらにスムーズにし、評価者がすべての関連情報を考慮するのに役立つよう、以下のような事項に注意を払うことは有益です。

● お子さんが最初に性行動化をしたのは何歳の時ですか。
● お子さんが性行動化をしていた期間はどのぐらいでしたか。
● お子さんは複数の子どもに性暴力を振るいましたか。よくあることですが、治療の過程で他の子どもも被害を受けていたことが分かることがあります。親は、クライエントと二人きりでいた他の子どもについて専門家に知らせることによって、アセスメント過程をサポートすることができます。たとえば、評価者は以前の子守の仕事や年下の遊び仲間についての情報をすべて得る必要があります。
● 性問題行動に下着を盗んだり持ち去ったりすること、わいせつな電話をかけること、もしくは性器露出行動が含まれるならば、他の盗みやいたずら電話、他の不適切な性行動（たとえば、クライエントが他の人に見られる場所でマスターベーションをしている、動物との性的な接触）についての詳しい経過を伝えてください。
● もし、性問題行動のなかにほぼ同年代あるいは年上の被害者との性的接触を得るために力や強制（たとえば脅迫）の使用がみられるならば、他の攻撃的な行動の経過を知ることは重要です。評価者は、クライエントが同様の行動をしたかもしれない場所で、どんな社会的な行動をするかを理解する必要もあります。
● もし、性問題行動のなかに薬物やアルコールの使用が含まれるならば、薬物やアルコール使用の影響についての十分な報告が非常に重要となります。他の家族メンバーの飲酒や薬物使用について調べることもまた重要です。
● アセスメントの専門家は、どのような介入や治療が過去に行われてきたか、お子さんが介入後性行動化を継続させたか、あるいは再発させたかについて知る必要があります。

- 性問題行動のその他の要因に成育歴があります。性虐待や他の不適切な学習経験があったことが、分かっているか疑われるものです。お子さんは大人の性行為を目撃したことがありますか。もしくはお子さんは何らかのポルノや明らかに性的なものに触れましたか。注意してください。もし家庭でインターネット接続をしていて、インターネット・ブラウザーの履歴をチェックする仕方を知らないなら、お子さんの治療提供者に、チェックする仕方を尋ねてください。
- 精神科治療を受けたことがありますか。あるとすればどのようなものですか。
- 最近あるいは過去に何らかの投薬治療を受けていますか。
- 遊んでいるとき、あなたのお子さんは質問や行動に、性行動や性的な関心にとりつかれていることをほのめかすことがありますか。
- 家族あるいは親戚のなかに性問題行動の経歴をもつ人がいますか。
- あなたのお子さんは、学習障害や学校生活上の問題を抱えていますか。もしお子さんの学校生活やカウンセリングの記録の写しをあなたのお子さんの評価者に提供できるなら、それはとても役に立ちます。
- もしあればですが、他にどのような非行あるいは犯罪行動にあなたのお子さんは関わってきましたか（たとえば、窃盗、放火、スプレーでの落書き、無免許運転、けんかといったことです）。
- お子さんの毎日のスケジュールや活動について考えてください。お子さんが予定のないあるいは誰の目にも入らない時間がありますか。誰の目も入らない時間に、お子さんは被害者となり得る人に接近していませんか。

- あなたのお子さんがルールを破ったり、通常期待されることに反したりしたことはありますか。たとえば、帰宅時間に帰らなかったり遊んではいけないと言われているのに遊んだり、つきあわないように言われた特定の友達と過ごしたりということです。
- お子さんは、自分自身を傷つけたり、動物をいじめたことがありますか。

これらは、専門の評価者があなたやお子さんに求める典型的な情報の例です。あなたがこのような流れですすんで情報提供をすればするほど、アセスメントはさらに正確になるでしょう。

評価者はあなたのお子さんが性問題行動をもつかを見極める際に、次のような要因に注目するでしょう。

- 年齢、体の大きさ、身体能力、精神能力を含むパワーの違い。
- 脅迫の要因。たとえば、立場の違い（人気があるかないか）や権力の悪用など。
- 操作的要因。たとえば、言葉による強制、遊び、騙（だま）し、わいろ、約束など。
- 秘密の要因。たとえば、隠すこと、黙っているように要求すること、脅しを使うことなど。
- 性に関係する強迫的関心。お子さんは性的な思考や出来事で頭がいっぱいですか。
- 衝動性の要因。お子さんは行動をコントロールできないことを示していますか。行動に「コントロール不能」という感じがあり、見つかって叱られてもやめられないといったことがありますか。
- 法的な問題。暴力を使わないあるいは強制的ではない性行動であっても、年齢差によって、その行動が法律違反になることもあり得ます。

あなたが上記の項目のいくつかについて評価者に情報提供できるなら、とても有益です。評価者は情報をもてばもつほど、さらによい治療計画を作れるからです。

評価者は、家族の生い立ちについてさらに理解するために、あなたの子ども時代についても尋ねるかもしれません。多くのご両親は、自分の生い立ちや他の家族メンバーの生い立ちについての個人的なことを話すことを、幾分か不快に感じるかもしれません。評価者は、あなたのお子さんにとって効果的な治療計画を作り上げようとしていることを忘れないでください。そして、あなたの生活経験を理解することは、評価者があなたのお子さんの行動をさらによく理解するのに役立つでしょう。親戚内の虐待の被害者や加害者に関する情報を伝えることもとても有益です。また、ご両親が自分の性虐待の経験についての情報を伝えることも有益です。

環境的なリスク（危険）を管理すること

環境的なリスクとは、あなたのお子さんが、家、アパート、近隣において被害者になり得る人と触れる可能性のある場所や状況のことです。あなたのお子さんが、評価やリスク・アセスメントを受けているときには、あなたと他の家族メンバーや評価者は、お子さんの社会的・情緒的発達を抑えつけることなく、しかし十分な監督がなされるように協力する必要があります。次のいくつかの質問は、性問題行動をもつ子どもや少年少女に対する適切な監督を家庭においてあなたが行うために評価者に聞くと良い質問です。

- 私の子どもは、直接的な、常に見ていなければならないような監督が必要ですか。
- 私の子どもは、他の子どもの子守をしても良いですか。
- 私の子どもは、学校で特別な監督が必要ですか。
- 親がいない時に私の子どもに留守番させても良いですか。どのぐらいの時間なら大丈夫ですか。
- 近所の人に話すべきですか。
- 私の子どもは、他の子と近所で遊んでも良いですか。
- 私の子どもは友達の家に遊びに行っても良いですか。泊まりがけはどうですか。
- 私の子どもは友達を家に連れてきて遊んでも良いですか。泊まりがけはどうですか。
- 私の子どもは（ボーイあるいはガール）スカウトの集会や活動に参加できますか。
- 私の子どもは、公園や遊び場へ一人で行けますか。
- 私の子どもはバス通学するべきですか。
- 私の子どもは、学校へ一人で歩いて行くべきですか。
- 私の子どもはデートをすべきですか。子どものガールフレンドもしくはボーイフレンドは性問題行動について話を聞いておくべきですか。
- 私の子どもは車を運転すべきですか。一人で？　仲間や年長者といっしょに車にいるのはどうですか。

●私の子どもは仕事をもつことができますか。どんな仕事がふさわしいですか。

このような質問は、あなたのお子さんの行動の経過と治療の進み具合を考慮して、ケース・バイ・ケースで答える必要があります。効果的な監督計画を作るために、子どもの評価者にそのような質問をすることはとても重要です。第９章には、安全と監督計画に関する記入用紙が載っています。それらについて、あなたは可能な限り早い段階で効果的な監督に関するガイドラインを作るために評価者と話し合いをすることを望むかもしれません。しかし、評価が終わらない限り、評価者はコメントできないという場合でさえも、以下のことを覚えておいてください。短期間でも、より多くの監督は、不十分な監督よりもあなたのお子さん、そして家庭や近所の被害者となり得る人に対して、より安全を提供します。

アセスメント過程についてのよく見られる質問

Q　ポリグラフ検査とは何ですか

ポリグラフは一般的に嘘発見器として知られています。ポリグラフの検査者は、クライエントの血圧、呼吸、皮膚電位反応の変化を測定しながら質問をする訓練を受けています。ポリグラフ検査は米国の多くの場所で少年に対しても使用されています。しかし、十二歳未満の子どもには適当ではありません。少年に対してポリグラフを使った研究はほとんどありませんし、さらに年少の子どもに対してポリグラフを使用した研究は皆無です。

ポリグラフ検査をする間、訓練された検査者はクライエントに多くの様々な質問をします。通常は性に関する行動歴について聞くことが多いです。それから検査者は、一つあるいはそれ以上の関係事項を探るために重要な質問をいくつかします。検査者は、いくつかの反応が、質問をされたのに関係していること、他の偶発的なことにより生じたのではないということを明確にするために質問の順序を変えます。すべてのデータを見た後に、検査者はクライエントが真実として知覚しているのかあるいは嘘をついて答えようとしているのかについての見解を出します。

ポリグラフ検査は、性行動などのとても微妙で困惑するような話題について、真実を話すようにクライエントを促します。ポリグラフ検査を受けるクライエントは、ポリグラフ検査を受けるように言われなかったクライエントよりも、性行動や性経験についての個人的な情報をはるかに明確に話すということを評価者は、しばしば見てきました。多くの少年裁判所は、保護観察中や仮釈放中に、治療や保護観察もしくは仮釈放の条件を少年が遵守しているかを確かめる助けとして、定期的にポリグラフ検査を受けるよう対象者に求めます。ポリグラフの結果は、裁判で証拠として採用されないかもしれませんが、ポリグラフ検査で明らかにされることは、通常とても正確です。

経験により私たちは、クライエントのポリグラフ検査の応答が不誠実なものである場合でさえも、ときにはクライエントが検査を「通過」してしまうことを知っています。だから、検査者にはクライエントが正直であると見えた場合でも、真実をすべて話していないという可能性があります。逆に、クライエントが検査者には不誠実に見えたというだけで、クライエントが実際に嘘をついているということにはなりません。その体験はクライエントにとってはとてもストレスがかかることもあり得るため、正直でいるときでさえも、ポリグラフの結果が嘘であるということを示すこともあります。このような理由で、担当評価者、治療提供者、保護観察官や仮釈放審査委員は、ポリグラフ検査結果だけに基づいて措置を行いません。評価者は通常複数のデータをまとめます。あるいは、クライエントが、ポリグラフ検査の間に嘘をついていると受け取られると、監督が増やされるかもしれません。ポリグラフ検査は、クライエントに過去の性経験を開示するように促すので、ポリグラフのアセスメントはリスクアセスメントをする際にとても価値があります。将来の行動を最もよく予測するのは過去の行動です。したがって、性にまつわる過去についての正確な情報を得ることは、アセスメントのとても重要な部分なのです。

Q　プレシスモグラフ検査とは何ですか

プレシスモグラフとは、ペニスの大きさや周囲の変化を測定する装置です。プレシスモグラフ検査の間、クライエントは特別な装備のある研究室に行き、技術者が検査を行います。検査前にクライエントと親は同意書にサインをします。それから、クライエントは個室へ連れて行かれ、服を着たまま心地良い椅子に座るように指示されます。検査者は部屋を出ますが、インターホンを通じてクライエントと話をします。クライエントは自分のパンツの前を開け、測定器（通常小さなゴム製のバンドのようなもの、あるいはうすい鉄の輪）

を自分のペニスにつけます。検査者は別の部屋にいて装置を見ています。検査の間、クライエントは、幅広い年齢、性別、強制の程度などに関わる性に関する状況を描写したテープを聴きます。幅広い年齢の人の写真、通常さまざまな露出度のものを見ることもあります。モニタリング装置にクライエントのペニス周囲の変化が記録されます。したがって、性的興奮パターンの客観的な測定をすることができます。

このアセスメント手続きは、主に性問題行動をもつ成人に使用されます。ときに十四〜十八歳の少年にも利用されます。しかし、十四歳未満の子どもにはほとんど用いられることはありません。分泌物や膣への血流を測定するためにプレシスモグラフを使う女性用の生理的な測定装置もありますが、今のところ研究目的にのみ使用されています。性問題行動を評価される女性は、プレシスモグラフ検査を受けるようには求められません。

クライエントの性的興奮パターンを把握するために、質問紙やアベル・スクリーンと呼ばれる反応時間検査や性的関心カード分類検査を含む、他のアセスメント方法も一般的に使用されるということも記しておく必要があるでしょう。

Q 評価者は、すべての時間をわが子と性について話をするのでしょうか

いいえ。徹底的なアセスメントは、クライエントの全生活に及ぶもので、他の家族メンバーとの面接も含みます。そして、友達との関係、家庭や学校でクライエントがどのような役割を果たしているかということ

などを深く見ます。すべての性行動は脳によってコントロールされています。したがって、徹底的なアセスメントは、クライエントの精神的な機能（「認知能力」としてよく知られています）、価値観と態度、家族力動、行動、特に性行動に影響を及ぼす可能性のある多くの他の要因について探る必要があります。

Q　私たちはアセスメント過程から何を学びますか

性行動化が、うつ、孤独感、不安、喪失感、悲哀感などの他の生活上の問題に対処するための無意識あるいは潜在意識的な方法となっている子どもたちや少年少女たちもいます。子どもたちや少年少女たちは、他の生活上の問題で悩み、性行動化を起こすことがしばしばあります。徹底的なアセスメントでは、性問題行動を引き起こす可能性のあるきっかけをすべて探ります。そうすることで効果的な治療計画を作り出すことができます。

第5章

治療を理解する

……あなたのお子さんを援助するために
知る必要がある鍵となる概念

あなたのお子さんの問題行動は、おそらく性的な領域だけに限られてはいないでしょう。というのは、性行動化は自分の欲求だけを満足させる、無責任で衝動的な人を傷つける行動パターンの一部だからです。『回復への道のり　パスウェイズ』や『回復への道のり　ロードマップ』のなかで、あなたのお子さんは、治療プロセスが、自身の性行動だけでなく、もっと多くのことに関係していることを学びます。多くのケースにおいて、性行動は、単にあなたのお子さんの他の問題の別の表現の仕方であることがあります。あなたは、他の誰よりもお子さんのことを知っていますし、お子さんの行動パターンについても多くのことを知っています。

性問題行動をもつ子どもたちや少年少女の治療にはとても多くのアプローチがありますが、たいていの治療プログラムで扱われているいくつかの共通テーマがあります。以下の情報は、カウンセリングを受けている間でも、あなたのお子さんが治療プログラムを終えた後でも、あなたが治療のプロセスを維持していくためにできることを理解するのに役立つでしょう。つまり、あなたはお子さんを手助けできるようになるでしょう。

- お子さんの否認を打ち破りましょう。
- 性行動化を起こす動機について理解しましょう。
- 性行動化を支えている無責任な思考や行動のパターンを明らかにし、変化させましょう。
- 実際に効果がある再発防止計画をお子さんが作れるように、犯行のサイクルを理解しましょう。

『回復への道のり　パスウェイズ』や『回復への道のり　ロードマップ』のワークブックで強調されている考え方の一つは、クライエントはあらゆる犯罪行動、他人を傷つける行動、無責任な行動を取り除くことによって、健康で責任のあるライフスタイルを発展させる必要があるということです。あなたのお子さんのカウンセラーや治療グループは、違法で、自己中心的で、衝動的で、他者を傷つける継続中の行動パターンを明らかにするのを手助けしてくれるでしょう。『回復への道のり　パスウェイズ』や『回復への道のり　ロードマップ』のワークブックの多くの課題は、クライエントが日々の行動パターンのすべてをきめ細かくみるのに役立つように作られています。

親のための一般的なガイドライン

以下のガイドラインは、治療が始まるときに、あなたがお子さんを効果的にサポートする人になるのに役立つでしょう。鍵は、お子さんとのコミュニケーションを向上させることです。そうすれば、お子さんの治療は、より一層成功することになるでしょう。

1. お子さんの治療への興味をはっきりと示してください。セラピー（治療）の予約があって、車で送っていくときや帰るときなどに、お子さんに具体的な質問をしてみてください。治療の課題をみせるようお子さんに頼んでみてください。

2. 性的なことを話すときに感じる居心地の悪さを少なくしていってください。性的な身体部分や活動（ペニス、膣、肛門、オーラル・セックス、クンニリングス、フェラチオなど）に、適切な名称を使ってください。あなたは、お子さんにとっての役割モデルです。ペニス、乳房、膣などについて話すときは、恥ずかしがらずに適切に話してください。

忘れないでください。セックスは良いものです。もし、セックスがなかったら、私たちの誰も、今日ここに存在しないでしょう。私たちは、子どもたちに、性的な感情をコントロールし、ふさわしいやり方で、他者を傷つけることなく表現して欲しいと伝えたいのです。しかし、性行動そのものが、悪いことで、汚くて、怖いものであると考えて欲しくないのです。

3. あなたのお子さんのプライバシーを含めて、いつも境界線を尊重していることを示してください。あなたは、あらゆる境界線を尊重しているモデルになることによって、とても重要な治療概念を強化しています。「あら、境界線があるわよ、そこに行ってはダメよ」とお子さんに言うのをためらわないでください。同時に、「境界線」といって、秘密をもつ言い訳にするのを許してはいけません。尊重することが鍵です。

4. 日々の生活で、責任のある考え方をはっきりと表明してください。本章の思考の誤りのリストを読んで、学んでください。もし、あなた自身が、思考の誤りを使っていたとしたら、「私は、ここの思考の誤りを使っていたと思うわ。やめたほうがいいわね」と認めてください。

5. お子さんたちへの肯定的な反応を心がけてください。子どもたちが、正しいことをしているのをとらえて、ほめることに一生懸命になってください。低い自己評価は、多くの性問題行動に寄与する要因であることを忘れないでください。したがって、子どもの自己評価を高めることが、重要な治療目標にもなっています。同時に、ただほめればよいというのでもありません。六歳の時からできていることをほめられたら、思春期の少年少女たちは、ばかにされているように感じるでしょう。

鍵となる概念

ほとんどの治療プログラムが、性問題行動をもつ子どもたちを治療するときに扱う、四つの主要な領域と働きかけがあります。それらは、性暴力のサイクル、思考の誤り、被害者への共感、再発防止です。

簡単に言うと、性暴力のサイクルとは、お子さんを性行動化に導き、実行させ、その直後に生じる、思考、感情、行動のパターンのことです。年少の子どもには、性行動化に至るそれぞれのステップを階段にたとえて示しています。また、どのようにしてあなたのお子さんが性行動化を妨げようとするバリアを打ち破って犯行に至るかを吟味するやり方もあります。

思考の誤りは、あなたのお子さんが性行動化を正当化し、のちに行動を隠すために使った「理由」です。

思考の誤りのいくつかは、とてもなじみ深く、違和感のないものに聞こえます。私たちはみな、多かれ少なかれ、ときには言い訳したり、合理化しますし、それを大目にみることもあるからです。しかし、そうした「大目に見ること」は、誰かを傷つけまいとする傾向からきています。

被害者への共感は、いくつかの理由において重要です。もし、あなたのお子さんが虐待の被害者であったならば、被害者への共感によって、虐待を受けたことを行動化の言い訳にするのではなく、共感的態度で虐待経験を扱えるようになります。被害者への共感は、あなたのお子さんに行動化が他の人たちに与える影響について教えます。そして、かつてやったことの被害を理解することは、あなたのお子さんに、他者を傷つける行動を繰り返さないでいられるようにバリアを強めたいと思うことへの手助けとなるのです。

再発防止では、お子さんに、性暴力のサイクルが始まったときに気づき、性行動化を再び繰り返す前に、治療のなかでサイクルから抜け出すために練習してきたステップを使うように教えます。再発防止の重要な構成要素は、性行動化へのバリアを強めることです。

思考の誤り

実際に治療を始める前に、あなたのお子さんは「否認」を克服しなければなりません。性問題行動のあるほとんどの子どもと少年少女は、アセスメントと治療の間、否認と苦闘します。否認は、単にクライエントが自分の行動を小さく見せかけ、責任を避け、行動化を言い訳することや、性行動化の問題に結びついている恥ずかしい思い、当惑、恐れ、他の否定的感情を避けることも含みます。否認は、「思考の誤り†」の一つの形です。思考の誤りは、認知的歪曲、悪い考え（『回復への道のり　ロードマップ』ではこのように呼んでいます）とも言われます。

（†原注）「思考の誤り」は最初に次の文献に書かれた。Yochelson, S., & Samenow, S.（1976-77）. *The Criminal Personality*. Vols. 1 and 2. Dunmore, PA : Jason Aronson.

思考の誤りは、クライエントが、感情、行動、問題の真実を最小限にし、言い訳し、否認し、合理化するために、自分自身に言い聞かせるものです。あなたのお子さんは、性行動化を次のステップに進めるために、自分自身に許可を与えるよう思考の誤りを使った可能性が高いのです。思考の誤りは、性行動化する人としない人の主な違いの一つです。すべての人々が、時々、不適切な性的な考えをもちますが、ほとんどの人は、そのような考えを抑えます。自分たちが行動化するのを防ぐのです。性的な問題をもつ子どもたちや大人は、これらの考え方を抑えることに成功しませんでした。彼らは、抑えることを打ち破り、性行動化をするために思考の誤りを使います。

思考の誤りは、やるべきことの責任をとることを避けるために、自分自身に言い聞かせるものです。責任をとることとは、自分がしたことや選んだことを認め、行動や選択の結果を受け入れるのに同意することを意味します。私たちは誰もが、時々、批判や否定的な結果を避けるために、思考の誤りを使います。クライエントはみな、思考の誤りについて学び、日々の生活のなかで思考の誤りを避けることができるすべてのことを行えるように、それぞれの責任を負っていきます。親は、思考の誤りについて学び、子どもが思考の誤りを使ったときにそれを認めさせる努力をします。子どもが親の思考の誤りを指摘したときに自分自身の思考の誤りを認めることはとても有益です。

以下に、よく使われている思考の誤りの一部分を挙げます。これは、ごく一部分です。他にも多くの思考の誤りがあり得ます。ここでリストに挙げられているような思考の誤りに名前をつけることは、思考の誤りに注意を払い、使ったり聞いたりしたときにそれを認めるのに役立ちます。

他者非難　「他の誰かがそれをした」「それを始めた」「その責任をとるべきだ」と言ったり、暗に示したりすることです。責任のなすりつけとも言われます。私たちは、トラブルを避け、困惑するのを避けるために、この思考の誤りを使います。

最小化　私たちが何かを実際よりも深刻ではないと見ようとする時に、起こります。自分たちが最小化していると気づかせてくれるいくつかの警告は、「たった」とか「ほんの」という言葉に含まれています。たとえば、「私は、たった五分間遅れただけだ」とか、「私はほんの一枚のクッキーを食べただけです」など。もし、人を傷つけるような無責任な行動が、たいしたことではないと、自分自身に確信させているならば、行動変化に取り組み続けることはできないでしょう。

正当化あるいは言い訳　私たちが、やるだろうと思われていたことをやらなかった、あるいは、やらないだろうと思われていたことをやった「理由」に焦点が当てられる時に、起こります。正当化の警告は、「でも」のような言葉です。たとえば、「治療の宿題はやりました。でも、お母さんが学校に迎えにきてそのまま来たから持ってきていません」など。正当化をやめる良い方法は、「でも」という言葉を使うのをやめることです。

ぼく、ぼく、ぼく　自分のことだけを考える時に、起こります。わがままのことです。もっと単純に言ってしまえば、性犯罪や性行動化は、わがままで自己中心的な人々にのみ起こり得ます。もし、あなたのお子さんが本当に他の人にとって何が一番大事なのかを考えているならば、性行動化は起こらなかったでしょう。

被害者のふり　人々に、自分はかわいそうと感じてほしい、注目してほしいと思ったとき、悪いことをした責任があったときでさえ、「被害者」として自分自身を表現します。私たちは、また、間違いをしでかしたときに説明せずに放っておいてもらうために、こうした立場をとろうとします。時々、私たちは、自分自身でやるべきことを他の人にやってもらいたいために、この思考の誤りを使います。

遠くのゾウ　行動の結果を前もって考えないことです。私たちは衝動をコントロールする責任を避けるために、この思考の誤りを使います。ゾウは、実際はるか遠くにいるときには、小さくて、脅かすようなものには見えませんし、「たいしたことがない」ように見えます。ところが、近づくにつれて、大きく、恐ろしく、「大変なこと」になります。この思考の誤りを避けるために、クライエントは、いつも前もって考え、早くから心配するように励まされます。あなたの行動の結果について考え、心配することを始めてください。自分自身に尋ねてください。「どうなるかな?」と。

否認　何かについて本当ではないというふりをするとき、実際は本当であれば、それは否認です。友達が、空きっ腹に、四杯の酒を飲んだのを知っているのだけれども、アルコールの影響を受けておらず家まで運転できないことはないと言ったときは、否認です。時々、私たちは、生きやすいようにするために、事実に直面するのを拒否しますが、それはほんのちょっとの間です。

普遍化　真実である以外の何の余地も残っていないというような全体的な言い方です。あなたは、「絶対」「一般化」「白黒思考」として見覚えがあるでしょう。普遍化の警告は、「いつも」とか「絶対」という言葉です。他の余地が残っていないという言い方はどれでも、普遍化です。

思い込み　まるで起こっていることを知っているかのように振る舞うけれども、確かめる時間をとらないときに、起こります。この思考の誤りは、自分で確かめる責任をとらずに、誰かに確かめさせるために使われます。

嘘をつくこと　本当のことを言わないことです。少なくとも三つのタイプの嘘があります。一つのタイプは、情報を省き、話すことをためらい、あなたが良く見える、あるいは、他の人々がすでに知っている部分だけを話すことです。これらは、ときに、「半分の真実」とか「省略の嘘」と呼ばれています。本当でないことを全力で言い、懸命に話を作り上げるとき、それは、でっちあげの嘘です。最後のタイプの嘘は、「同意の嘘」と呼ばれています。私たちは、本当には同意していなくても、誰かに同意していると言うときがあります。これはまた、騙しているともいいます。嘘をつくことは、よくある思考の誤りです。私たちはある結果を望まないので、嘘をつくようクライエントは教えられます。誰かの感情を傷つけたくないので、私たちは嘘をつきます。もし、他の人たちが私たちについてこちらが思う通りに考えてくれたら、私たちみんながもっと幸せになるのになあと時々思うので、嘘をつきます。これらは、すべて嘘です。もし、私たちが、必要な自尊心を得るための別の方法を見つけたら、嘘をつくのをやめることができます。クライエントは、単に、いつでも真実を言うように励まされます。

回避あるいは「知らない」ふり　他の人々が必要としている、あるいは欲しがっている答えを知らないふりをしているけど、本当は、真実を言ったり、あるいはそれについて考えたりするのが嫌なときに起こります。典型的な少年少女の答えについて考えてみましょう。どんな活動に参加したいと思ったのかという質問に対して、「分からない」と答えます。私たちは、本当のことを言うのを避けるため、あるいは、当惑し恥ずかしく思う情報を分かち合うのを避けるために、この思考の誤りを使います。ほとんどの場合私たちは、尋ねられた質問の答えを本当は知っているのですが、結果を恐れてそれを認めたくないのです。したがって、責任をとるためには、「知らない」という言い方をやめる必要があります。

魔術的思考あるいは超楽観主義　物事がうまくいくことを望んでいさえすれば、ただそれだけですべてがうまくいくと信じるときに起こります。間違いを修正する責任に取り組み、自分の人生を望み通りにするために必要なステップをとる責任を避けるために、この思考の誤りが使われます。たとえば、速度超過をしている運転手は、「私は捕まらないだろう」と考えます。あるいは、むこうみずなスキーヤーは、「私は、とてもうまいので怪我することはない」と考えます。性的な問題をもつ人の典型的な思考の誤りは、「私は再び欲求を行動化することはないだろう」というものです。魔術的思考は、現実よりもむしろ願望に基づいた考え方です。そして、普通、そのようにはなりません。

どうかしてた症候群　私たちが、混乱し、ストレスが強く、酒を飲み、「まともに考えられない」ので、自分たちの能力や力が、減少し、なくなったというふりをするときに、いつでも起こります。たとえば、「酔っ払っていた」とか、「あまりにも怒っていたので、考えることができなかった」などです。時々、若い人たちは、「そのとき、何も考えていなかった」というようなことを言います。またときには私たちは、そのときはそのことを考えずに選択したというよりはむしろ、何も覚えていないふりをする方法として、「忘れた」と言います。忘れないでください。脳は、半永久的に身体につながっています。そして、あなたは常に考えています。クライエントは、健康的な思考をしていなかったかもしれませんが、考えてはいたのです。

無力なふり、あるいは「できない」　本当はしたくないのに、できないと言うときに起こります。どうすることもできないというように振る舞うか、あるいは、ちゃんとやろうとしたけど、単にできなかったというようにみせかけるために「できない」と言います。結局はその意思をやり通せなかったのだけれども、やる気はあったと言いたいのです。「私はできない」は、普通、実際には、「私はしたくない、私はとても当惑している、私は他の人々に笑われたくない」という意味です。私たちは、選択の責任を引き受けて、どうすることもできないふりをしないことが大切です。

「時間がなかった」という言い訳　私たちが、積極的に選択し、活動に優先順位をつけるかわりに、忙し過ぎるというふりをするときに起こります。これは、性問題行動のある若い人々への治療プログラムで、もっともよくある思考の誤りの一つです。しばしば若い人々は、「やる時間がなかった」と言うことで、やろうとしない行動を守ります。セラピストが彼らの日記をみると、時間があったことがはっきりします。単に、テレビゲームをしたり、テレビを見たりして時間を過ごすことを選んでいただけなのです。責任ある言い方をすれば、「やらないことにした」とか「代わりに、別のことをすることにした」となります。クライエントは、自分たちの生活の責任をとるように強く励まされます――言い訳をしてはいけません。嘘をついてはいけません。

被害者への共感

性虐待はどのくらい被害者に影響を及ぼすのかということを学ぶのにも、あなたのお子さんはたくさんの時間を費やします。性虐待は、被害者を変えてしまうほどの影響があり得るということを研究は示してきました。被害者のなかには、性虐待の最中の記憶がない人もいる一方、虐待について繰り返される夢、悪夢、フラッシュバックをかかえている人もいます。もしあなたが、性虐待を経験し、人生のなかでその影響を解決することに取り組んできたのなら、お子さんが個人的レベルで性虐待の影響を理解するのを手助けするために、パートナーや配偶者、お子さんのカウンセラーやあなたのお子さんとこうした自分の経験を分かち合うことは、良い機会となるかもしれません。こうした過去を分かち合うことが、性行動化に寄与しているかもしれない子ども自身の被害体験についての感情を解きほぐし始めるのに役立つかもしれません。あなたのお子さんが、虐待の被害者ではなかったとしても、この新しい知識は、さらなる性行動化を防ぐ内的バリアを作るのを助け、被害者への共感を高め、被害者への説明や償いに取り組むよう促すのに役立つでしょう。あなたのお子さんは、自分がかつて他の子どもにしたことを、誰かがあなたにしたのだということを知って、とても強く反応するかもしれません。ですから、この情報をお子さんと分かち合う前に、セラピストからの助言を得ておくべきです。

一世代前、あるいはもっと前の世代では、子ども同士のある種の性行動は、性虐待や治療されるべきものとして追及されることはほとんどありませんでした。秘密と性虐待が被害者や社会に及ぼす深刻な影響が知られるようになって、その構図は変わり始めました。あなたが子どもや少年少女だったとき、性行動化をしてしまったことがあるというのは十分あり得ることです。そして、若いときに性行動化をした多くの大人たちが、今、健康的で、責任ある生活をしているということも事実です。時々、親たちは、子どもへの扱いが厳しすぎると感じて法制度に対して腹を立てているときには、子どもと自分の体験をかぶせてしまい、子どもに自分の体験を話してしまうことがあります。

性虐待に関する法律は、過去三十年間で変化してきました。そして、今や、さらに積極的なやり方で性虐待を扱っています。性虐待は何年も続き、放置されれば、家族の後の世代まで影響し得る虐待のサイクルになり得ることが知られています。私たちは、問題を無視できる余地がないと知りました。私たちは、性虐待行為に含まれている恥ずかしさや当惑、そして恐怖のために、被害者は自分たちがされてきたことを明らかにするためにたくさんのサポートを必要とし、加害者も自分たちの行動を認め、治療を受けるためには多くの圧力と支持的な対決を必要としているということを知っています。もし、あなたが子どものときに性行動化をしたことをお子さんに教えるのならば、他の何よりも子どもたちを受け入れて、愛しているのだということをお子さんに伝えるためにそれを教えるのが大切です。また、あなたのお子さんが、真実を話し、行動の結果を受け入れるために一生懸命に取り組み、治療プログラムを成功させることを期待していると強く伝えるのも、重要です。

バリアを築く

『回復への道のり　パスウェイズ』や『回復への道のり　ロードマップ』で子どもたちは、普通の場合、他の人に性行動化をしないようにさせている四つのバリアを破ることが、性行動化に関係していることを学びます。四つのバリアとは以下のようなものです。

1. 動機がない（ほとんどの人は、性行動化をしたいと思いません）

2. 内的バリア（良心、被害者の気持ちを気遣うこと）

3. 外的バリア（見つからずに被害者に近づける機会や場所がない）

4. 被害者の抵抗（被害者になる可能性のある人をどのように守るか考える）

このプロセスは、四つの前提条件モデルと呼ばれています（『回復への道のり　パスウェイズ』の第5章、あるいは本書の第3章の図3－1を参照してください）。

性問題行動のある人にとっては、これらの四つのバリアは低く、簡単に乗り越えたり、突き破ったりすることができます。あなたのお子さんは、性行動化をしても良いと自分自身を納得させるために思考の誤りを使い、被害者に近づき（しばしば、子守をすること、幼い子どもと遊ぶことによって）、そして、被害者を性行動に誘いこむために、たくらみ、脅し、わいろ、強制力を使うことで、これらのバリアを打ち破ります。被害者は、同意はしていないけれども服従してしまうかもしれません（明確な抵抗を示すことなく流されてしまう）。「被害者の抵抗」のバリアを強めるのを助けるために、クライエントは、本当の同意に関する次のルールを教えられます。

真の同意やきちんと知らされたうえでの同意を理解するためのルール

1. 真の同意は、情緒的、知的に対等である必要があります。
2. 真の同意は、正直である必要があります。
3. 真の同意は、対等な理解が必要です。
4. 真の同意は、傷つけることなく反対や拒否をすることを認める必要があります。
5. 真の同意は、何が起こっているのかについて、対等な知識が必要です。

さらなる性行動化を防ぐために、クライエントは本書の第3章の図に描かれているように、四つのすべてのバリアを強めることを学ばなければいけません。たとえば、子どもたちは、よりオープンに自分の性的な気持ちを話し、新しく、より適応的な性的なはけ口（マスターベーションという普通の十代の活動を含んでいます）を学ぶことで、「犯罪をする動機」（たとえば、性衝動）を変化させ始めるかもしれません。クライエントは、不適切な性的欲求を抑制し、コントロールするいくつかのテクニックも学ぶかもしれません。あなたは、お子さんの治療の一部を不快に思うかもしれませんが、これは順調な治療の重要なステップなのです。

親たちは、子どもたちに、性的にどぎつい本、雑誌、テレビ、映画に触れるのを減らすことで、そして、身体活動を行うのを励ますことで、性行動化にいたる動機を減少させる学習を手助けできます。

あなたのお子さんがテレビやビデオを見るパターンを見守り、変えることで、あなたは、お子さんの治療に貢献することができます。テレビを見ることは、静かな時間を提供し、子どもを沈静化させるのを助け、寝る準備をする肯定的でリラックスできる体験になり得ます。しかし、性問題行動のある子どもや少年少女には、テレビを見ることは、受動的で、不活発な考え方に彼らをとどめておく嗜癖的な活動にもなり得ます。テレビの内容は、教育的であるか、過度に刺激的であるかです。性問題行動のある子どもの親が、子どもの視聴傾向を十分に考慮し、テレビやビデオとの接触を密に管理しコントロールするのは、当然のことです。以下は、考えて欲しいいくつかのガイドラインです。

1. テレビは、体を動かす戸外活動が与えられ利用できるときは、いつでもやめるべきです。性問題行動をもつ多くの子どもや少年少女は、わがままで、無気力です。もし、選択させたら、しばしば一番簡単なもの、ソファに座ってテレビを見ることを選ぶでしょう。

2. 昼間はテレビをつけないというルールをもつのは、良い感覚です。夏休みの間は、読書やスポーツ、あるいはその他のもっと人と交流する活動を促すために、テレビ回線を引かない家庭もあります。

3. 子どもたちは、しばしば、テレビを見る時間を制限することに対して肯定的な反応を示します。一日に一、二時間は多すぎます。テレビ視聴時間の制限は、他のもっと生産的な遊びに参加するよう子どもを促します。

4. テレビの内容は監督されるべきです。ケーブルテレビや衛星中継テレビが利用可能な家では、お子さんが操作できないように、親がパスワードなどでコントロールすることがとても重要で、有効です。子どもたちは、創造的で詮索好きです。そして、もし可能なら不適切な番組も見るでしょう。

5. 暴力的な内容は、性問題行動のある子どもにとって、悪い影響を与え、有害であることを覚えておいてください。性や暴力場面が多い、あるいは、成人指定といった映画やテレビ番組の内容の評価は、考慮されるべきですし、従うべきです。

6. 多くの親たちは、パブリック・チャンネル*を見逃し、コントロールすることに失敗します。多くのパブリック・チャンネルに、性的な内容が見られます。パブリック・チャンネルは、まったく利用できないようにふさいでしまうのが一番でしょう。

（*訳注）「パブリック・チャンネル」とは、市民が自分たちで企画制作した番組をケーブルテレビなどを利用して、自由に放送しているチャンネルで、米国ではかなり一般的に見られる。

7. テレビを子守代わりに使わないようにしてください。本を読んだり、競技をしたり、身体活動をすることに、あなたのお子さんを巻き込んでください。身体活動は、性的な欲望を減らす傾向があるので、性的な関心が非常にある子どもたちには、身体的なきつい筋肉運動に参加させると、不適切な性行動をする時間を減らします（ランニング、跳躍、登山、ボートをこぐ、など）。

性問題行動のあるクライエントは、被害者にとっての性虐待の影響と、被害者の行く末を学ぶことで、内的バリアを強めます。たとえば、治療の後でも、あなたのお子さんは、さらなる性行動化の成り行き（拘留、刑務所、被害者に恥をかかせ、屈辱感を与え、害を与えることにまつわる感情）を思い出すために、そして、新しく犯罪ではない行動（『回復への道のり　パスウェイズ』の第8章と、『回復への道のり　ロードマップ』を見てください）を選択する練習をするために、内潜脱感作と呼ばれるプロセスを使います。あなたのお子さんは、被害者への共感に関するスクラップブック（『回復への道のり　パスウェイズ』の第4章を見てください）に取り組み始めるかもしれません。お子さんが被害者への共感に取り組み始めたとき、性虐待の被害者への影響について描写された新聞や雑誌の記事を取り上げることで、あなたは手助けすることができるでしょう。

誰が被害者でしょうか

治療を受けているクライエントは、たくさんの人々が、性虐待や性的に不適切な行動によって傷つけられていることを教えられます。『回復への道のり　パスウェイズ』では、クライエントは二つの異なる被害者のグループ、直接的な被害者と間接的な被害者について学ぶように要求されます。以下に、直接的な被害者と間接的な被害者の例をいくつか挙げます。

直接的な被害者

年上の人から性的に触られたり虐待されたりする子どもたち
強姦された十代の若者あるいは大人たち
誰かが性器を露出しているのを見た人たち
わいせつ電話を受けた人たち
誰かから窓越しに覗（のぞ）かれることで、プライバシーを侵された人たち
公共の場で性的に不適切に触れられた人たち
繰り返し性的な言動をする人によって、職場や学校で悩まされた人たち

間接的な被害者

年上の人から触れられたり、虐待されたりしてきた子どもの親たち
虐待の被害者のきょうだい（兄弟姉妹）たち
性虐待や強姦の被害者の夫や妻
性虐待や強姦の被害者のボーイフレンドやガールフレンド

十代の性犯罪者の親たち
十代の性犯罪者のきょうだいたち
被害者や性犯罪者の親戚たち
十代の性犯罪者のボーイフレンドやガールフレンド
被害者や十代の性犯罪者の親友たち

性虐待の影響

治療のもっとも重要な目標の一つは、自分の性行動が直接的あるいは間接的に傷つけた人々の生活にどのように影響しているのかを、クライエントが学ぶことです。間接的な被害者として前に挙げられている人々は、様々な面で、影響を受けているかもしれません。たとえば、被害者の親は、抑うつ的で、不安にかられている子どもに向き合わなければならないかもしれませんし、子どもをなぐさめたり、セラピーに連れて行ったり、医療費やカウンセリングの料金で財産を費やしたりしなければいけないかもしれません。被害者と親密な人たちは、否定的に世界を見るようになるかもしれません。愛する人が性虐待を受けた後には、多くの人々は不信、恐れ、疑い、あるいは不安の感情がずっと続いていることを体験します。被害者や性問題行動をもつクライエントのきょうだいは、しばしば、親が、被害者や加害者を心配することにより多くの時間を費やしていることに気づきます。いくつかの事例では、家族の財産が激減したために、外出、休暇、あるいは家族の買い物に利用できるお金や時間がより少なくなっています。また、加害者のきょうだいは、加害者の性行動を知る学校の子どもや近所の人たちから言葉の暴力やいやがらせを経験しています。クライエントがこれらの力動を理解することは、さらなる性行動化を防ぐ内的バリアを強めるのに役に立ちます。

監督、接触、外的バリア

外的バリアとは、たとえクライエントがしたいと思っていても、性行動化を不可能にするものごとのことです。たとえば、二十四時間の監督は、外的バリアです。もし、責任ある誰かが、いつも子どもたちを見ているのならば、行動化ができません。『回復への道のり　パスウェイズ』や『回復への道のり　ロードマップ』のワークブックにおいて、あなたのお子さんは、性問題行動を取り巻く環境のすべてを調べ、問題行動を防ぐ外的バリアを明らかにしようとします。たとえば、十代の若者は、しばしば、ベビーシッター*をしているときに、幼い子どもに対して性行動化を起こします。外的バリアを作るには、ベビーシッターをさせない、あるいは、監督する大人がいないときは子どもと接触をさせないということを実行することです。ここでのあなたのサポートは、とても重要です。以下は、お子さんの治療提供者と見直し、セラピストが別の方法を勧めるまで続けるべき監督のガイドラインです。

（＊訳注）子守、米国では少年少女のアルバイトとして一般的である。

1. もし、幼い子どもと接触する可能性があるならば、お子さんの監督を絶えず続けてください。

2. お子さんがやっているすべてのベビーシッターを完全にやめさせてください。そして、ベビーシッターの依頼を丁寧に断る方法を見つけられるように手助けしてください（たとえば、「ごめんなさい、私はベビーシッターはできないの」）。ベビーシッターで稼いでいたお金に換わるための他のアルバイトについて、お子さんと考えてみてください（道路工事、芝生刈り、お使い、車を洗う、犬を散歩させる、など）。

3. どんな理由があっても、お子さんを幼い子どもと二人きりにしたままにしないでください。緊急の時でさえもいけません。

4. お子さんが家に一人でいることを許さないでください。お子さんの性問題行動を知っている大人（監督者）がきちんと監督するように手配してください。

5. お子さんが、公共のスペースや活動において監督のない接触をしていないかどうか確かめてください（公園、レクリエーションセンター、ジム、ロッカールーム、博物館、キャンプなど）。いつも、大人の監督があるべきです。

6. お子さんを監督するのは、大人だけにしてください。少年少女が監督者になることは認められません。性問題行動のある子どもたちは、大人の監督を必要としています。

7. お子さんが友達の家に行くのを許す前に、相手の家に幼い子どもがいないか確かめる、あるいは、お子さんの性的な問題について、その家の大人に話し、持続的な監督を手配してください。

あなたは、この子は同年代の仲間に強制的な性的接触をしたけれど、年下の子どもたちにはしていないのに、なぜ、年少の子どもたちへの接触まで制限することがそれほど重要なのだろうかと思うかもしれません。仲間やあるいは大人に性器を露出しているだけで、直接的な性虐待をしていない少年少女もいるかもしれません。また、わいせつ電話、下着を盗む、強迫的マスターベーションといった行為だけが理由で治療に通っている少年少女もいるでしょう。お子さんは女の子だけに行動化をしたのに、なぜ、男の子への接触まで制限するのだろうと不思議に思うかもしれません。

これまでの研究や経験では、進行する性的な問題は、相当に重なり合っているということが明らかにされています。たとえば、成人の研究では、たくさんの露出者たち（自分の性器をさらけだしたり、「パッ」と見せたりする人たち）は、また、子どもへのわいせつや強姦を犯しています。一つの大きな性問題行動をもつ人たちが、それ以外のさまざまな性問題行動にも関わっているのはよくあることなのです。

性問題行動のある子どもたちや少年少女を治療していると、衝動的であることが彼らの問題に共通して寄与している要因であることを知ります。衝動的であるというのは、ほとんどいつも欲求に従うということです。衝動的な人は、何かを思ったり感じたりしたら、すぐにそのことをしたいと思い、してしまいます。前とは違うやり方をしようとは思っていたとしても、機会が目の前にあったとしたら、多くのクライエントが、性行動化の衝動に抵抗することに困難を体験します。良い治療プログラムはすべて、どのような性問題行動に対しても効果的な外的バリアを持続させるのに役立つ幅広いルールを確立している理由はこれです。そういうわけで、女の子にわいせつなことをしたクライエントは、監督されずに男の子とも一緒にいるのを避けるべきなのです。子どもたちや少年少女に関する研究によれば、彼らはたとえ異性愛であったとしても、同性に対しても性的な接触をもつのは普通であると指摘しています。性的興奮の強さを理解し、完全に内的バリアに頼らなければならない状況に押しやらないことによって、子どもに安心した決断ができるよう手助けするのが大人の仕事です。

特に、被害者が家族であるとき、あなたのお子さんは、被害者への説明のプロセスを経験し、家の中および地域で新しいルールを確立してそれに従うことに同意することによって、さらなる性行動化を防ぐための被害者の抵抗を強めます。被害者への説明のために、あなたのお子さんは、被害者や被害者の親にどのように性行動化が起こったのかを手紙に書くように言われます。これらの手紙は、何回も推敲を重ね、カウンセラーとの徹底的な議論を経た後にはじめて、送られることになるでしょう。最終的には、あなたのお子さんは、被害者や被害者の親に会って、性行動は被害者の落ち度ではないことや、クライエントが将来のどんな接触においても従い続けるルールを説明するために、面会をすることが許されるかもしれません（『回復への道のり パスウェイズ』の第11章を見てください）。あなたのお子さんが被害者の抵抗を強める二番目の方法は、いつも正直でいて、被害者や被害を受けやすい人たちへ接触する際には、確立されているすべてのルールに従うことです。

あなたのお子さんの被害を受けやすい人たちへの接触の制限とコントロールに関して付け加えると、行動化する可能性がある手がかりを見つけることで、あなたは重大な役割を担うことができます。これらの手がかりには、二つの形があります。それらは、手なずけと維持行動（『回復への道のり　パスウェイズ』の第６章）、そして、犯行前パターンと犯行サイクル（『回復への道のり　パスウェイズ』の第７章）です。これらの行動は、『回復への道のり　パスウェイズ』の第９章や、『回復への道のり　ロードマップ』に書かれているような再発防止計画を使うことで、中断させ、方向を修正することができます。

手なずけ（グルーミング）と維持行動

手なずけ（グルーミング）とは、お子さんが、被害者に近づき、性的な接触を得るためにする行動のことです。手なずけには、いくつかの段階があり得ます。たとえば、（ラジコンカー、テレビゲームといった）おもちゃで遊んでいるのを見せて幼い子どもをひきつけ、仲良くなり、被害者が悲しくてとり乱しているときに、自分のところに来るように誘い、やさしく頼りになる情緒的な関係であるようなふりをし、そのうちに子どものポルノ写真を見せ、徐々に性的に接触する関係を発展させるといったことがあります。手なずけを理解することによって、あなたとお子さんは、いつお子さんが性行動化の危険性を高めるのかが分かり始めるようになるでしょう。どれくらいの時間をゲームセンターで過ごしているのか、他に誰が釣りやキャンプにいっているのか、どこで誰とデートをするのか、あるいは、なぜ年少児向けの絵本やおもちゃを持っているのかといったことを、あなたはお子さんに質問するようになるでしょう。

維持行動とは、あなたのお子さんが性問題行動への興味をもち続けるために使う活動や行動のことです。成人向けの本を読むこと、過去の性行動化を考え空想すること、傷つけることを言うこと、自己中心的に振る舞うこと、責任を避け、怠けること、嘘をつくこと、そして攻撃的に振る舞うことが、すべて維持行動と考えられます。危険性の高い維持行動は、『回復への道のり　パスウェイズ』では、「入口行動」と呼ばれています。入口行動は、さらなる性行動化を導くでしょう。手なずけと維持行動は、あなたのお子さんの犯行前パターンと犯行サイクルの両方になります。

犯行前パターンと犯行サイクル

お子さんが性問題行動を始める前の数カ月間に体験した、生活上の大きな出来事、行動、感情といったすべてのことが、犯行前パターンを作り始めます。お子さんが性行動化をしてしまうその前に、被害者あるいは自分自身のことを気にかけられるような心理状態ではありえませんでした。加害者たちは、性行動化の前には、憂うつ、孤立、うんざり、不幸といったことを感じていたとしばしば報告しています。単に、あまりにも衝動的だったので、行動化の前に、どんな気持ちだったのかは重要ではないといったクライエントもいます。性行動の激しい興奮は、他の人生の問題からの（短いが）深い解放感を与えることがあり得ます。

子どもたちや少年少女のなかには、ほんの短期間だけ性行動化したけれども、コントロールの効いた状況下では性的な感情や行動には問題がない人がいます。一方、治療を受け、カウンセリングを受けた後でも、性行動化を続ける子どもたちや少年少女もいます。こうした子どもたちは、性行動化のサイクルと呼ばれるものをもっています。

犯行サイクルには四つの段階があります。あなたのお子さんが性行動を考えたり空想したりするとき（没頭段階）、それは始まります。それから、お子さんは、被害者に接触し、性行動化できる場所を見つけることに進みます（手なずけ、あるいはいつもの手順のプロセス）。被害者を手なずけた（グルーミングした）後は、お子さんは犯行を続けるかもしれません。しかし、すぐ後に犯行後段階に至り、お子さんは、普通、良心の呵責や絶望（「ぼくは変だ、もう二度としない」）、あるいは満足（「ぼくはすごい、とても良かった」）のどちらかを感じます。満足と力の感情は、しばしば、お子さんに肯定的な強化として作用することで、犯行サイクルにお子さんをとどめます。絶望や恥といった否定的な感情は、一時的に、お子さんを犯行サイクルから外れさせるかもしれません。しかし、それはまた、犯行前パターンに「油をそそぐ」かもしれません。あなたのお子さんは、体験している退屈、憂うつ、否定的な感情をやわらげるために、性行動化を計画し、空想に戻るかもしれません。

犯罪のない人生を望む――再発防止

あなたのお子さんは、再発防止の技術（『回復への道のり　パスウェイズ』の第9章や『回復への道のり　ロードマップ』を見てください）を使うことによって、犯行サイクルを阻止できるようになります。あなたのお子さんは、警戒警報が性行動化に戻ることの前兆であることを学びます。警戒警報は、性行動化をしたら気持ち良いだろうなあと感じる心の構造にお子さんを追いやる感情、行動、環境的なひきがねになり得ることです。たとえば、交際を申し込んで断られることは、断ることができないより弱い誰かへの性行動化のひきがねとなり得ます。テストで赤点をとることは、強い自己嫌悪の感情のひきがねとなり得ます。家族内の葛藤は、性的な解放を熱望することを導くストレスや不安になり得ます。あなたのお子さんは、できる限り多くの警戒警報を突き止め、それぞれに対して、パターンを破り、援助を得るための現実的な介入プランを作ります。性行動化への誘惑と衝動にうまく対処するための「安全ロープ」「避難ばしご」「非常口」を用意することによって、お子さんは、さらなる性行動化をせずに生活上のストレスに対処するためのより良い準備をするでしょう。

あなたのお子さんは、また、一見重要でない決定（「黄色信号」）、そして、高危険状況（「赤信号」）といった、自分のサイクルの他の部分を明らかにするようにもなるでしょう。黄色信号は、高危険状況に導き得るささいな決定や行動のことです。赤信号は、四つのバリア（動機、内的バリア、外的バリア、被害者の抵抗）

のいずれかを低くすることによって明らかに危険性が高まっている状況のことをいいます。たとえば、ビールを飲んで酔っ払っている友達二人とコンビニに行くことは、飲酒パーティーで女の子に強引にセックスをしたことがある少年にとっては、黄色信号になり得ます。もし、ビールを飲もうよと誘われて友達の家に行ってしまえば、まずい決定をし、性行動化をし得る機会を得るので、赤信号となるでしょう。再発防止では、あなたのお子さんに再犯しそうになる途中でその危険性に気づけるように教えるだけでなく、このような状況を避け、あるいは、いったんサイクルにはまっても、そこから抜け出すための方法について考える手助けをします。

あなたは、お子さんが再発防止計画を作るのを助けるための重要な役割を担っています。ここで、『回復への道のり　パスウェイズ』や『回復への道のり　ロードマップ』のワークブックで、あなたのお子さんの計画を見て署名をするときに、心にとめておくべきガイドラインのいくつかを紹介します。

1. **観察可能性**　警戒警報は、親、カウンセラー、他の家族が見ることができるものになっていますか。多くのクライエントは、警戒警報として、感情の変化（不幸せ、憂うつ）を挙げています。しかし、感情は、いつも観察できるものではありません。たとえば、孤立感は、本当に警戒警報になるかもしれませんが、子どもが孤立を感じているときに、必ずしもわからないかもしれません。ですから、「さびしいと感じたときは、どうするの？」とお子さんに尋ねてください。それらの行動は、警戒警報として、リストアップされています。あなたが、計画を見直したとき、それに署名する前に、遠慮なくお子さんにそれを変えるよう求めてください。

2. **関連性**　警戒警報は、性行動化に関連していますか。それぞれの警戒警報が、性行動や犯行サイクルにどのように関係しているのかを説明するように、お子さんに頼んでください。

3. **実用性**　防止計画は、現実的で実行できるでしょうか。多くのクライエントが、「カウンセラーに電話をかける」といったことをリストに挙げますが、皆無とは言わないまでも、子どもたちが電話をかけることはめったにありません。お子さんに「もっと現実的なやり方はない？　電話して話せる人は他にもいない？」と尋ねてください。

親としてあなたは、お子さんが再発防止計画を作り、維持するのに重要な役割を担っています。計画を活用する責任は、お子さん本人にありますが、お子さんの生活のなかで、あなたや他の重要な人々は、定期的に計画に言及したり、警戒警報を見たときにお子さんに思い出させることによって、計画をサポートできます。警戒警報を無視することは、再発への階段となります。観察できる警戒警報を指摘したときには、あなたのお子さんに、あなたが心配していることや、自分が助けとなれることを思い出させてください。当時治療プログラムからセルフ・モニタリング（自己監視）へ移りつつあった十四歳のアレン少年のコメントを読んでください。

ぼくが成功した理由の一つは、母が毎日、家を出るときに、バリアを保ち続けるように、小さな子どもたちを避けるように、思い出させてくれたことです。それによって、ぼくは治療を思い出し、また、母が、ぼくを心配してくれているのが分かります。

お子さんが受けた過去の虐待を明らかにし、それを取り扱うこと

どのように、なぜ、あなたのお子さんが性行動化を選んだのかを理解するための最後の要素は、お子さんが性虐待の被害者であったかどうか、そして虐待や他の経験が、性行動化のなかでどのような役割を果たしていたのかを見つけることです（『回復への道のり　パスウェイズ』の第10章と『回復への道のり　ロードマップ』の第11章を見てください）。多くの性問題行動のある子どもたちや十代の若者は、子ども時代に、自分自身も性虐待を受けてきています。この事実は、恐ろしいことですが、性行動化が（本来もっているものというよりも）学ばれるものであるということも示しており、希望を与えてくれます。学習したことは、新たな学習で変化させることができます。あなたのお子さんの性問題行動が長期にわたればわたるほど（介入したにもかかわらず長くしつこく続き）、お子さんが過去に性的な被害を受けていた可能性が高まります。しかしながら、忘れないでください。性問題行動をもつ多くの子どもたちや少年少女は、性虐待を受けていません。彼らは、本、雑誌、ポルノ、映画、友達、テレビから、性について学んできたのかもしれません。

性虐待の経験が、関係する一つの要因であったとしても、性虐待は性行動化の原因ではありません。多くの（おそらくほとんどの）性虐待を受けた子どもたちや少年少女は、性犯罪者にはなりませんし、性行動化も起こしません。性行動化は、多面的で複雑な行動上の問題です。治療によって、あなたのお子さんは、性行動化が選択を重ねた結果であることを理解しやすくなるでしょう。身体的、言語的、心理的虐待、養育放棄（ネグレクト）、その他の大きな生活上の大変動は、あなたのお子さんが性行動化を選んだことに関係しているかもしれません。過去の虐待から生じている感情をときほぐし、責任ある行動パターンを学ぶことを手助けすることによって、あなたのお子さんは、他人を傷つける行動が二度と起こらないことを確かなものにするという将来の選択ができるようになります。

治療構造

個人療法　ほとんどのプログラムで、個人治療を最初の一歩としています。性行動はとてもプライベートで個人的な問題なので、治療が、性的な事柄についての個別の面接から始まるのはもっともなことです。カウンセラーは、クライエントに健康的な性行動について教育し、思考の誤りに直面させ、再発防止の技術を教え、クライエントの家、学校、社会的な環境を監視するために、個人治療の面接セッションを使います。多くのカウンセラーは、週に一時間のカウンセリング・セッションで治療を進めます。

集団療法　子どもや少年少女のための集団療法は、クライエントに、交友関係のスキル、衝動のコントロール、そして感情を表現する建設的なやり方について教える効果的な方法です。集団療法は、しばしば不十分なソーシャル・スキル、低い自尊心、限られたコミュニケーション・スキルをもつ子どもたちや少年少女たちを援助するための良い方法となります。また、子どもたちや少年少女たちは、自分の性行動に当惑したり、恥ずかしいと感じたりしているとき、集団療法において、それが自分だけではないとすぐに学びます。

多くの親たちは、子どもがさらに悪い価値観を学ぶことになるか、あるいは、より大きな迷惑をかけている非行少年に接するのではないかと心配します。良い治療プログラムでは、グループリーダーは、クライエントに強いコントロールを及ぼしますし、肯定的な価値観、情報、関係性が確実に模倣されるように動きます。多くのクライエントは、出席するのが格好悪いと感じたグループ・セッションは一回目だけだと報告しています。性行動の問題のある他の若者たちとのミーティングの後は、ほとんどのクライエントは元気づけられた気持ちになります。彼らは、普通、毎週の集団療法のセッションを楽しみにしています。ほとんどの外来の治療グループは、週に、一回六十分か九十分間行います。集団療法は、通常、個人療法よりもお金がかかりませんし、多くのプログラムでは、特に治療の初期には、週に一回の個人セッションと、週に一回のグループ・セッションを組み合わせて使います。

家族療法　家族療法は、特にお子さんが一緒に住んでいる他の誰か（きょうだい、異父母のきょうだい、里子、攻撃されやすい大人）に対して性行動化を起こしたときは、とても重要です。治療にきょうだいを入れることは、家族全員が治療で教えられてきた健康的な境界線や治療のルールを知っていることを確かにします。

近親姦のような性虐待は、オープンで健康的なコミュニケーションと、はっきりとした堅固な境界線がある家庭にはめったに起こりません。クライエントの性行動の被害者が、同じ家に住んでいるとき、被害者が虐待行動について話すために、自分自身の個人セラピストをもつことが重要です。親は、クライエントの性行動に関係ないように見えたとしても、定期的にカウンセラーと話し合い、カウンセラーに家の中で起こっているすべての葛藤や問題を確実に知らせることによって、子どもの治療に自分自身が組みこまれるようにするべきです。

ケースマネジメントとヘルパーによるサポート

担当機関が、家庭訪問によるカウンセリング、監督、そして、親や里親に監督や家庭支援を行うヘルパーを提供する地域もあります。カウンセラーがあなたの家に来ることは、子どものために健康的な境界線を築く効果的な方法となり得ます。ヘルパーが地域のなかで子どもと一緒に行動することは、再発防止のスキルを教え、強化し、監視する素晴らしい方法になり得ます。たとえば、多くのカウンセラーは、クライエントに二、三歳以上年下の子どもとの関わりを避けるのを教えるように一生懸命つとめます。ヘルパーは、親やカウンセラーに有用なフィードバックを提供するとともに、地域活動における、クライエントの行動や相互作用を観察し、適切な行動を強化することができます。

第6章

きょうだい（兄弟姉妹）

～無言の受難者たち～

性問題行動のある子どもの親は、性行動化した子どもといつもよりずっと多くの時間を一緒に過ごしていることに気づきます。子どもを監督する必要性が増え、親は子どもをソーシャルワーカーまたは弁護士との面会に連れて行き、アセスメントまたは治療に連れて行くなどして、毎週何時間も一緒に過ごします。子どもの一人が、きょうだいたちの一人あるいはそれ以上に性虐待を行った場合、親は通常の仕事や家事に加えて、虐待者だけではなく被害者の治療の打ち合わせや約束もこなさなければならないので、そのために要する時間とエネルギーはしばしば極限に達します。

何人かの子どもがいる家庭では、関与していないきょうだい（虐待者・被害者を除いたきょうだい）がよく見過ごされてしまいます。多くの親は善かれと思って、起こったことを他の子どもたちに話さず、虐待者のプライバシーや他の子どもたちの純潔を守ろうとします。家庭によっては、関与していないきょうだいがすでに起こったことの一部または全部に気づいていることがあります。被害者から起こったことを聞いたとか、家族の動きを見て気づいたためなどです。たとえば、警官があなたの家に入って来たとき、何か大変なことが起きたということは当然分かるでしょう。親は、家族のなかの誰に性問題行動の話をすべきか苦悶します。きょうだいが当事者の場合に考慮すべきいくつかの一般的なガイドラインをここに示します。

- 非常に幼い子ども（六歳未満）は、幼すぎるが故に、起こったことを理解できないかもしれません。親は、きわめて基本的な情報を与えるべきです。たとえば、「お兄ちゃん／お姉ちゃんは〝誤ったタッチ〟をしたからカウンセラーのところに行くんだよ」という具合です。

- 年下のきょうだいは、虐待されたり性的な行為にさらされたりしていたかもしれません。性虐待に関係しているかどうかや、その状況を目撃したかどうかを明らかにするために、親は子どもと話をする際に専門家の援助を受ける必要があります。年下のきょうだいの多くが、問題を起こすことや家族を混乱させることを恐れているかもしれないことを念頭においてください。年下のきょうだいが年上のきょうだいとの性体験について否定していても、年上のきょうだいが治療中にそれを認めることが経験上非常によくあります。年下のきょうだいが「何も起きていない」と言ったとしても、必ずしもそれが本当のこととは限りません。
- 年上のきょうだい（たとえば十代）は、起こったことをたいてい理解できるので、そのことを彼らに話すのが一番いいでしょう。家族の多大な注意が性虐待の問題に向けられることを彼らが理解するのは大切です。これ以上性虐待が起こらないように家族のルールや境界線を変更するうえで、彼らの協力を得ることは非常に重要です。

十八歳のアンジーによって書かれたこの話について考えてください。彼女の十代の弟は、近所の何人かの子どもへの性虐待で告発されました。

それは私の高校生活最後の年の二月でした。弟のベニーが、私たちの家の向かいに住んでいた三人の子どもたちに性虐待をしたとして告発されたのです。

いつもと変わらない日だったと思います。午後に私が学校から帰ると、家に誰もいませんでした。いつもなら弟が私より先に学校から帰っているのですが、その日は違いました。彼の居場所を知らせるようなメモがないか探した後、私は父さんに電話をしました。電話に出なかったので、父さんか弟のどちらかが電話をかけてくるまで、私は待つしかありませんでした。結局、およそ一時間後に父さんと弟は帰ってきました。どこにいたのかと尋ねると、父さんの返事は「警察にいた」でした。私はその言葉が冗談かどうか分かりませんでしたが、父さんの表情を見たとき、それが冗談ではないと分かりました。

「何が起きたの？」と尋ねました。話が徐々に明らかになったのはそのときでした。向かいに住む子どもの家族が、性虐待で弟を訴えたのです。その話を聞かされて狼狽しましたが、話を聞き続けました。その訴えについて調査している警官が、弟に対して質問に回答するよう求めました。父さんが言うには、警官は弟にいくつかの質問をし、その間ずっと弟は無罪を主張していたということでした。

数カ月が過ぎ、その調査について何の知らせもありませんでした。この事件全体が消滅したかのように思われました――少年裁判所から手紙が来たあの日までは。そこには、弟が二件の児童への性虐待で告訴されており、真相究明の審理のため裁判所へ出頭するようにと書かれていました。その呼び出しに加えて、誰が弟の代理人になっているか、そして裁判の過程で何が予想されるかについての情報が書いてありました。父さんはベニーの代理人である弁護士に電話をして、弟にどんな選択肢があるかを尋ねました。その弁護士は、「ベニーは無罪または無実を主張することができます。しかし、もし彼が無罪を主張したなら、罪を犯していたことが判明した場合、罰がより重くなるでしょう」と言いました。

父さんは、「ベニーはほんとうのことを全部話していないようだ」と私に言いました。そして父さんは、真実を明らかにするために何ができるかを知るため、弁護士に電話をしました。弁護士は、「ポリグラフ（嘘発見器）検査をベニーに受けさせるべきです。もし彼が検査にパスしたなら、それを彼に有利な証拠として使うことができるでしょう」と助言をしてくれました。弟がポリグラフ検査を受ける日が来ました。彼は最後まで無罪を誓っていました。私が学校から帰ると弟はまだ帰っておらず、帰宅途中なのだろうと思いました。すると父さんから電話がかかってきました。父さんはしばらく黙った後、「だめだった」と言いました。私はどう考えていいか分からず、気が動転しました。父さんは私に、「ベニーにそのことを話さないように」と言い、そして「パパが家に帰ってから話し合おう」と言いました。数分後弟は家に帰ってきて、悪びれる様子もなく部屋に入っていきました。

父さんが家に帰って来たとき、弟はパソコンで遊んでいました。父さんは部屋に入って来るとすぐに、弟に下に降りてくるように言いました。父さんがどう思っていたか分かりませんが、その表情からとてもショックを受けて怒っているように見えました。私たちは座って、ポリグラフのことについて話をしました。でも弟は「ぼくは知らない」と言い続けました。私はその日の午後アルバイトに行くはずでした。しかしその事態に非常に気が動転して傷ついたので、アルバイトに行けませんでした。

八月十六日が来ました。その日は弟が出廷する前日でした。私たちはその晩、皆で夕食に出かけました。私は何について話をしたのか覚えていませんが、これが私たちと食べる最後の夕食だろうと弟が話していました。弟は自分が施設に入れられることを分かっていたのだと思います。

八月十七日、忘れもしないその日です。金属探知器を通過後、私は子どもたちが待機しているのを見ました。私はこんなに多くの子どもたちが何らかの問題を起こしていることが信じられませんでした。私は子どもたちを見て、それから弟を見ました。私は、彼が問題を起こすタイプの子どもには思えませんでした。私たちがおよそ二時間待ったところで、ベニーが審判廷に呼ばれました。私たちは部屋の中に入って行きました。そこでベニーの弁護士、調査官、検察官が合流しました。審判が行われ、ベニーは児童への性虐待で有罪という最終決定でした。彼は三十日間の拘禁および二年間の保護観察に付されました。

この日は私にとってもっとも辛い日でした。脇の扉から出て来た男が弟を連れて行く光景を私は思い出します。男は彼に手錠をかけ、扉に向かって歩くようにと促しました。弟が扉に着いたとき、私はもっともそこに近い席に座っていました。弟は泣きながら私に手を伸ばしていました。私たちは審判廷から出ました。私は取り乱して泣いていました。私たちは拘置所に行きました。私たちはベニーの一連の手続きが終わるまで待ちました。それから両親だけベニーに会うことを許されました（きょうだいが面会することは許されませんでした）。その間、私は座って待っていました。私が弟と話ができたのは、彼がたまに家に電話をかけてきたときだけでした。

数日後に再審理がありました。ベニーは保護観察中の二年間、私たちの家の近隣から立ち退くように命じられました。やっと弟が拘禁から解放される日が来ました。弟と父さんはそれほど遠くないところにアパートを借りましたが、家の近隣からは離れたところでした。父さんはそちらに行き弟の面倒をみる必要があるため、私に一人で暮らせないかと尋ねました。私は一人ぼっちの生活を数カ月続けましたが、その頃から隣人に変な目でじろじろ見られているのに気がつきました。私がよくベビーシッターをした家族はそっぽを向き、私を無視しました。よく会って話をしていた近所の子どもたちは、私が外にいると走って家に入りました。

弟の行動は、明らかに姉のアンジーに深刻な影響を与えました。彼女の生活は著しく変化し、弟の治療チームの一員として非常に重要な役割を担うことになりました。アンジーは弟の監督者として承認されました。なぜなら彼女はそのような役割を引き受けるだけの分別と責任があることを示したからです。彼女はよく弟をカウンセリングに連れて行きました。そして彼女も時々カウンセリング・セッションに参加したので、今経験していることについて話すことができ、どのように弟の治療をサポートできるかについて学ぶことができました。アンジーの理解と支援がなければ、ベニーは治療においてさらに多くの困難を経験していたでしょう。アンジーは弟を監督するのを手伝い、弟が治療をやり遂げるように励まして支援しました。ベニーとアンジーは父親と住んでいたので、アンジーは年上のきょうだいとしての役割以上に、親としての役割を引き受けていました。ベニーの事例において、彼女の関与は非常に有益でした。

以下のライフ・ストーリーについて考えてみてください。これはトッドが自分の治療の一部として書き、披露してもいいと申し出たものです。彼は九〜十六歳のときまで、自分の妹に性虐待をしました。彼の物語は、家族内での性行動化の複雑さを表しており、他の多くの行動パターンが性加害行動に関係していることを示しています。トッドは外来治療プログラムに通った二年以上の間、あらゆる必要な治療をやり遂げました。

ぼくの人生、役立つ話か分からないけれど

ぼくは妹が生まれたときのことを覚えています。皆が幸せでした。なぜなら彼女は三人の男の子の後に生まれた最初の女の子だったからです。同時にぼくは興奮していました。なぜなら、弟が生まれたときのことをあまり覚えていなかったからです。妹が生まれたときぼくは六歳でした。それは素晴らしく喜びに満ちたときだったと思います。あまり多くのことは覚えていませんが、とても幸せな時でした。

ぼくの子ども時代は、未だに記憶がはっきりしません。ぼくは自分が被害者になった出来事を覚えています。ぼくは、自分の面倒をみてくれていた女の子と二人きりにされ、いつも彼女のベッドに入り、彼女と夜を過ごしました。ぼくは起こったことをほとんど覚えていません。その女の子はぼくのベビーシッターでした。そのことは、ぼくの将来の行動と大いに関係があったと思います。彼女はたぶん十代で、ぼくの両親の友人の娘でした。

ぼくは、小学校一年生のときにある女の子に出会ったことを覚えています。彼女はいくつかの学

校でセックスをしたとぼくに話してくれました。休憩時間に彼女と話をしたことを覚えています。けれど、それ以前にぼくは幼稚園でも何度かセックスの夢を見ていました。いつも幼稚園の昼寝の時間は決して眠らないようにしていました。眠っていたのか白昼夢だったのか覚えていませんが、ぼくは裸で管やパイプの中を滑り落ちる夢を見ました。そして夕飯の食卓の上に着地するのです。ぼくはメイン料理でした。食卓の周りにはいつも裸の女性がいました。時々、オーブンの中やバケツの水の中に着地した夢を見ました。ぼくの周りにはいつも裸の女性がいて、ぼくの体を触り、愛撫していました。それはいつも同じ場所で、人里離れたところにあるちょっと風変わりな別荘でした。それは今の時代のものには見えず、古風な感じでした。その夢を見るときはいつも決まってパイプの中を滑り落ちて、家の中の違った場所に着地しました。それは水の入ったバケツの中、トイレ、テーブル、あるいは寝室でした。いつも外はよく晴れていました。夢は小学生になってから止まりました。それらの夢は昼間に見たので、本当の夢ではありませんでした。それは夢うつつの状態でした。今その夢について考えるだけでも、気味が悪くなります。それは非常に現実味を帯びているのです。

先週、バス停にいる間、ぼくはゆったりした心が落ち着く音楽をウォークマンで聞いていると、優しいささやき声がするのに気がつきました。即座に緊張し、座っていたベンチの腕木をつかみました。それは子ども時代の記憶を呼び戻すものでした。ぼくはある程度やり過ごしました。なぜならその声を消そうとし、その声と向き合おうとしたからですが、ほとんどその声を止めることができませんでした。ぼくは、幼稚園から小学校二年生の間にかけて、夜に夢を見るような感じでその声を聞きました。昼間も時々聞きました。恐怖を感じていました。目を閉じると、太った人が見え、目の前で太った体から痩せた体へと変形していきました。ぼくは大勢の人々がささやいているような雑音を聞くこともありましたが、言葉としてはまったく理解できませんでした。それは非常に悩ましいものでした。

その頃、教会に行ったことも覚えています。お祈りするとき、キリストのイメージを浮かべようとするのですが、太った人や痩せた人のイメージを追い払うことができませんでした。そこは以前通っていた教会で、ぼくは十六歳から十七歳までそこに行っていました。教会は好きではなかったし、信仰もありませんでした。それに牧師のことも好きではありませんでした。あるときぼくたちは教会の関係の大学であった集まりに行きました。ぼくはそのほとんどの時間を兄と一緒に過ごしました。戻る途中に牧師は、ぼくが教会の集まりで何もしなかったことをひどく叱りました。牧師がぼくにそのように振る舞ったことに対して腹が立ちました。

ぼくは一年生から四年生まで学校へ行ったことを覚えています。二年生のとき、休憩時間にある女の子と走っていました。ぼくたちは建物の角で頭を激しくぶつけ、ぼくは意識を失いました。保健室で目を覚まし、一週間ベッドで横になっていたことを覚えています。平衡感覚がなくなり、立ち上がることができませんでした。すべてのことがバランスを失っていました。そのときからぼくは中学生の頃までずっと、たちの悪い片頭痛を抱えていました。時々頭痛がひどくて泣くこともあり、家に帰って休まなければなりませんでした。頭痛があるときは光にとても敏感になっていて、明るいところにいるのは苦痛でした。

小学生のある頃、一人の女の子がぼくの三歳年上の兄に、体が欲しいと話していたのを覚えています。それが何のことか分からず、そのことがぼくの頭から離れませんでした。ぼくはそれが何なのか知りたいと思いました。ぼくは、彼女が兄に何か度を越した話をしていたのを覚えていて、そのことはぼくの頭の中に永久に植えつけられた状態になっています。

兄はいつもぼくに対して意地悪でした。ぼくをいじめて、いつも殴りました。兄はぼくに優しくないだけではありませんでした。ぼくが十三歳の頃、飲酒することとマリファナを吸うことを教えました。小学生の頃、少し火遊びをしていました。でも何かを全焼させたということはありません。ぼくはただ火で遊ぶことが好きでした。使えるライターを見つけることはぼくにとって大きな目標でした。独立記念日が好きで、花火（爆竹が合法であったとき）を買うために貯金をしました。ぼくは物を爆発させることが面白かったのです。

妹を虐待し始めたのはぼくが九歳のときでした。彼女は三歳でした。ぼくは彼女を暖炉のある部屋へ連れて行きました。そこはパパの書斎でした。ぼくは妹の服を脱がせ、ぼくも服を脱ぎました。ぼくは、セックスをするためにはペニスを穴に入れなければならないことを知っていましたが、どの穴に入れたらいいのか分かりませんでした。ぼくは、前や後ろから妹にペニスを突っ込んだことを覚えていますが、それがどの穴であったか分かりませんでした。ぼくがその出来事について覚えているのはそれだけです。その前に一つ出来事があったかもしれませんが、はっきり覚えていません。

妹への虐待は、抱きしめたり触ったりすることから始まりました。最初はそれほど多くありませんでした。ぼくが成長するにつれて、それはオーラル・セックスやマスターベーションへと変化していきました。ぼくはサイクルを経験しました。時々ぼくは自制できないほど性的に興奮し、妹が学校から家に帰ってくるのを待っていました。ぼくは妹に何と言ってえさを与えるか画策しました。決して強制はしませんでした。お金やキャンデーを与えてから嫌がることをさせました。いつもできる限り妹に気に入られるように取引を試みていました。妹のためにあらゆる種類のことをしていました。彼女の頼みをほとんど引き受けました。やめてほしいという頼みを除いて。数カ月ほど妹を虐待するのをやめたときがありました。けれど、その後また元のように妹を虐待しました。時々ぼくは性衝動がまったくなくなって、虐待することをほとんど忘れていました。ぼくが中学二年生つまり十四歳のとき、ガールフレンドと付き合い始めました。ガールフレンドと付き合っていたときは、妹との関係はありませんでした。ぼくは常にセックスをしていないと気が済まず、そのことがガールフレンドをもつことにつながりました。それは中毒のようでした。常にセックスをしていなければならなかったのです。どれほど妹を虐待したか知る術（すべ）もなく、十六歳になるまで虐待を続けて、数え切れないほどの出来事がありました。

妹に虐待をしていたことで警察に連れて行かれる前の年に、ぼくは次のような詩を書きました。

再出発

ぼくの頭の中に星屑がきらめいている

そして空が一面に広がっている
ぼくがこの大地に横たわるとき
もう言うことはない
ぼくの人生は終わったんだ
そしてぼくは地獄に落ちたんだ
星が再び戻って来た
その知らせはぼくを元気づけてくれる
泣き続けて嫌になったとき
話をするのはとても悲しいこと
なぜならぼくの人生は終わっていて
ぼくは消え去ったから
元の生きている世界へ
この上なく幸せな
落ちていく、木から落ちてくる葉っぱのようにゆっくり落ちていく
なぜなら本当にこれ以上話すことなんてないから
ぼくの人生はまだ終わっていない
そしてぼくは地獄から戻ってくるんだ
今までより良くなって

それまでいた場所から戻ってくるんだ
その場所では本当に誰もぼくの小さな罪など気にしない
ぼくは話すのがとてもうれしい
なぜならぼくは人生をはじめからやり直したから
そしてぼくは日々良くなっているんだ

詩を書いたときのことを振り返ると、ついにぼくはすべての過ちをやめ、これ以上問題を抱え続けまいと自分に言いきかせようとしていました。詩を書いた後で、少なくとももう一回妹を虐待しようとしたと思います。しかし妹は真剣にぼくに「嫌だ」と言ったので、結局ぼくはあきらめました。ぼくはガールフレンドと初めてセックスをした後、妹を虐待するのをやめました。およそ一年後、妹はぼくの虐待について母親に話しました。妹はある夜、泣き崩れて母親にすべてを話しました。両親はぼくを部屋に呼び、妹がすべてを話したと言いました。ぼくはそのとき十七歳でした。両親はぼくに本当なのかと尋ねました。ぼくは泣き崩れてすべてを認めました。それは救いのようでした。ぼくは自分が間違っていることが分かっていたのです。父さんは当時カウンセリングにかかっていました。そして父さんは虐待のことをカウンセラーに話し、カウンセラーはそれを子ども保護サービスに報告しました。後に父さんは警察に呼ばれて、ぼくを警察署に連れて来るように求められました。ぼくは警察の事情聴取を受け、やったことをすべて認めました。その後ぼくはカウンセリングを受け始めました。時々、パーティーの後でカウンセラーに会っていました。別のカウンセラーが、もし薬物やアルコールをやめないなら刑務所に行くことになると話したとき、ぼくはようやくパーティーに行くのをやめました。その時ぼくは怒っていたことを覚えています。なぜなら薬を使うのをやめたくなかったからです。

その日が来ることをずっと分かっていました。両親がぼくを部屋に呼ぶときはいつも、妹がぼくのことを話したのではないかと思いました。ぼくはいつも両親にばれるのではないかと心配していました。でもそれは実際にはほっとするものでした。なぜなら緊張がずっと高まっていたからです。本当にストレスを感じていました。自分のしていることが間違っていると分かっていました。そのことから気持ちを逸らすために多くの薬とアルコールを使っていました。いつもパーティーをして気を晴らしていました。今はそれが「逃避」だったと分かっています。薬を使っていない時は読書をしていました。読書をして別世界に行くことで逃避していました。

この間、家ではまさに地獄でした。父さんはぼくを憎みました。なぜなら父さんも子どものときに虐待されていて、今回のことが父さんのそういった感情を呼び戻したのです。母親は妹とぼくのどちらにつくかで思い悩んでいました。兄はぼくを憎み、ぼくを殺したいと思っていました。兄はぼくの部屋の壁に穴を開けました。弟はよそよそしくて、ぼくと関わるのを避けました。ぼくは家にいるのが嫌でした。いろいろな言い訳をして家から出て行こうとしました。ぼくは妹を避けました。そして、妹は気が動転している様子でした。なぜなら妹は、ぼくが一生彼女を憎むだろうと思っていたからです。妹はそのことで長い間母親と一緒に泣いていました。彼女はぼくのことを話し、表沙汰にすることを望んだけれど、それによって起こったことのすべてを望んでいたわけではありませんでした。ぼくは妹を虐待していたとき、「もしこのことを話したら家族はバラバラになるだろう」と言いました。そしてそのことがまさに結果として起こっているのです。妹がぼくのことを話したことでぼくがもっとも腹立たしかったのは、それがぼくの人生でもっとも良い時期にいきなり起こったということでした。ぼくは発覚してほっとしたけれど、法廷に行ったり、カウンセリングに行ったり、自分の生活を台無しにされたりするのは嫌でした。自らの薬物使用を振り返ってみると、それは少しぼくを救ってくれていたと思います。なぜならそれは性欲を消してくれたからです。もしぼくが薬を使っていなかったら、もっとたくさん妹と関係を持っていたと思います。

ぼくが刑務所から戻り保護観察になってから、状況は本当に良くなりました。裁判の後、刑務所で三十日間過ごしました。家に戻ってくるのは不思議な感じがしました。生活は変わり、何に対してもやる気がなくなりました。すべきことを模索しつつ、多くの時間をこれといって何もせずに過ごしました。ぼくはフルタイムで職を得るか、あるいは学校へ行かなければならないと言われたので、仕事を見つけて働き始めました。妹はぼくが家に戻って来ることを喜び、刑務所へも面会に来てくれました。そこで彼女と会うのは不思議な感じがしました。彼女はぼくのことを許してくれたのだと思います。彼女はぼくと同じ時期から、カウンセリングを受け始めました。妹はとても頭が良くて、才能もありました。彼女は四・〇（オールAに同等な成績評価平均値）の学生であり、優秀なピアノ奏者でもありました。ぼくたちは多くの点で似ています——二人はとても芸術を好むのです。

たくさんのことを学んだと言いたいのですが、そうではありません。すでに知っていることがほとんどだったからです。ぼくは、すでに性に関することを知っていました。それは人々が経てきた様々な経験と同じようなものです。ぼくは人々と付き合う方法をすでにほとんど知っていました。カウンセリングを受けに行くことは、ぼくがしたことについてより率直になるのに役立ちました。自分がしたことをグループの人に話すのはそれほど困難なことではありませんでした。ですが、話をした後はさらに話しやすくなりました。自分の犯罪について、家族以外の五人に話しました。彼らは理解を示してくれ、今もぼくは彼らに話をします。誰もぼくに対して話す前と違った態度を取らないし、話をした人の誰からも否定的な扱いを受けませんでした。一番の親友は、ぼくが話をしたときとても肯定的な反応を示してくれました。彼はぼくを抱擁し、悲しいと言いました。彼はぼくが経験していることを理解してくれました。

妹が安全だと感じられるように、そしてぼくが境界線をきちんと維持するために、家族間での重要な規則が一つあります。ぼくは妹と二人きりで家にいることができないということです。妹が家にいる場合、ぼくは監視されやすい場所にいる必要があります。普段ぼくは家を半分に分けたどちらかにいます。ぼくは読書して、妹は家のもう一方の側でテレビを見ます。それ以外は、家の状況はいたって普通です。治療開始時に、ぼくたちは今も続けている多くの新しい規則を提案しました。たとえばまず、ぼくたちは他の人の部屋に入らないと決めました。ぼくたちはうまくやっていて、もめたり喧嘩したりしません。ぼくは妹に話しかけて、虐待のことを直接謝ったとき、ぼくが規則に従う限り許してもいいと妹は言ってくれました。妹はもうぼくを脅威とみなしていません。そしてぼくは自分がもはや脅威ではないと分かっています。ぼくは再発の機会がないように、すべての治療規則に従い続けていくつもりです。

治療が進むにつれて、いかに度を超して妹をコントロールし、操作していたかが分かってきました。それは妹だけではありませんでした。ぼくはガールフレンドだけでなく両親に対してもそういったやり方を日常的にしていました。ぼくはいつも自分の思い通りにしなければならなかったのです。必ずといっていいほど彼らをしつこく追い詰めることによって、つまり上手く言いくるめて自分の思い通りにしていました（ぼくは彼らが言ったことを違う文脈へと変化させました。たとえば、もし彼らが何かを望んでいると認めたなら、それはぼくが望んでいることだというように変化させたのです）。もし彼らが何かを望んでいるという手がかりを少しでも摑んだら、彼らを説得して、ぼくが望むことをさせました。彼らに、それを望んでいただろうとひたすら説得しました。もしそれが彼らの望んでいないことだとしても、彼らがだんだん望むようになることなのです。ぼくは人々をパブロフの犬のように条件づけていたのです。両親に対してそうするのは割と難しかったのですが、ぼくの言っていることが認められるように、しつこくせがんだり話題を変えたりなどしました。ときに、ぼくはそんなことを望んでいなかったと言って人々を困惑させようとしました。たとえば、ぼくは妹に対してオーラルセックスすることに同意させておきながら、後になってそんなことはしたくなかったと言いました。それからぼくは後々そのことを持ち出して、「オーラルセックスすることを認めた時のことを思い出すんだ。ぼくは今やりたいんだ」と言いました。ある期間、ぼくは人々を自分の望み通りにさせるのに苦労しませんでした。彼らは、そういうものなんだと思い込み始めるのです。その時を振り返って、ぼくは縦横に人々を利用していました。ぼくは起床時から就寝時まで、人を自分の思い通りにするために注意を怠らないようにしなければなりませんでした。ぼくはどんな些細なことでもコントロールしようとしました。話が混じり合っていないか確認したり、話の筋が通っているかを確認したりするのはストレスがかかりました。

治療を受けるようになって約一年後に、次のような詩を書きました。ぼくが人生の大部分にわたって自分がしていたことを思い返していました。そのことは、ぼくにとってあまり幸せなことではありませんでした。これは、ぼくが妹に何をしていたか、どのようにすべてをマインドゲームに変化させていたかを表現したものです。

不当な力

あなたの魂の中の憎しみに満ちた苦痛
ぼくはあなたを意のままにするため、大きな犠牲を払ってそれをねじ曲げて解釈する
ぼくはあなたの脳の奥深くへと飛び込んでいく
あなたはぼくのマインドゲームの奴隷に過ぎない
ぼくはあなたの言葉を手に入れ、その意味を変えてしまう
おい少女よ、決して叫んではならない
なぜならぼくはここで起こることに責任があるから
もしそういったことが好きじゃないなら許してくれ

かわいい妹よ
もう一度ぼくは言う
ぼくはあなたにオーケーと約束させる
なぜなら結局ぼくがいつも勝利し
そしてあなたは自分が真に罪を犯した人間だと思うから。

最後の治療のとき、ぼくは保護観察を終了しこの治療を終えることについて、少し神経質になり不安を感じているのに気がつきました。ぼくは夜間、急に襲ってくる巨大な未知のものについてあれこれ考えながら起きていました。それは好ましいものであると同時に、ぼくをおびえさせるものでした。ぼくはいつも通りのことに慣れて成長しました。それは毎週金曜日にカウンセラーのオフィスに行くことでした。これからは違います。それは安全地帯の中にいるようなもので、そこから出るのは大変です。けれどもそれはなされるべきことであり、しなければならないことです。ぼくはやっと大人らしく振る舞い、責任を持って行動していると多くの人から言われるようになりました。かつては自分を責任ある個人とみなすのは嫌でした。けれどもそれは良い気持ちだし、責任ある大人とみなされるのはうれしいことです。

〔最新情報〕トッドは定期的な電話連絡によって治療プログラムを続けました。彼は二年の大学課程を終えて芸術の学位を取得し、グラフィックデザインの会社に首尾よく採用されたそうです。さらに彼は婚約中で、妹とは非常に健全で前向きな関係を作りあげたそうです。彼は治療で得たことを継続していると両親も話しています。この結果は，治療プロセスがどのように長期にわたって肯定的な変化をもたらし得るかという一例です。

きょうだいは，クライエントの性非行の間接的被害者とみなされます。なぜなら，クライエントの性問題行動が発覚した後，家族力動が大きく変化するからです。しばしば家計が圧迫され，両親の対立が増え，性問題行動のある子どももあるいは少年少女と家族であるという恥や不名誉な気持ちを全員が感じるかもしれません。以下の提案は，きょうだいがクライエントの性非行によって否定的な影響を受けるのを防ぐのに役立つかもしれません。

- クライエントの問題が子どもたちにどのような影響を与えたかについて，子どもたち全員と話をしてください。
- （親が）きょうだいそれぞれと二人きりで過ごす時間を毎週作ってください。そして子どもたちのニーズが満たされていることを確認してください。
- きょうだいがクライエントの行動に対する反応を話しやすいように，きょうだい全員を何回かカウンセリングセッションに参加させることを考えてください。

● 家族内では秘密を避けてください。もしきょうだいが、起こっていることを理解するのに十分な年齢なら、彼らにそのことを話してください。分からないという不確実さや不安の方が、事実よりも扱うのが困難です。

● きょうだいへの影響を和らげる努力をしてください。たとえば、クライエントはおそらく子どもたちの周りにいることを禁じられるので、弟や妹は友達を家に泊りに呼ぶことを許されないかもしれません。必ず彼らが友達と普通の関係を保持できるようにしてください。このことは、ときに創造性や融通を必要とします。たとえば、弟や妹が友達と夜を過ごすことができるように、クライエントは毎月一回は祖父母と週末を過ごすようにするといったことです。

● たいていの良い治療プログラムは、クライエントに治療規則を遵守するように要求しますが、こういった状況は不健全な権力構造をもたらすことにもなり得るので注意してください。たとえば、クライエントが弟や妹と部屋で二人きりになることを禁止する規則がよくあります。物分かりのいい弟や妹は、クライエントが遊んでいる部屋を避けますが、なかには特権意識を持ち始め、わざとクライエントがいる部屋を歩き回り、クライエントを部屋から出て行かせるような子どもがいます。両親はこれらの予想される動きに注意し、そういった状況について子どもたち全員と話をする必要があります。安全な家を維持し全員が協力しあえるように、弟や妹に対して規則を作ることは意味があるのです。

第7章

被害者支援と
健全な環境作り

親として主に注意する点は、あなたのお子さんが再び性に関する問題を起こすのを防ぐことです。もし被害者が同じ家にいるあなたの他のお子さんだった場合、あなたは一方のお子さんを注意して見るのか、もう一方のお子さんを守るのかで思い悩むのは明らかです。たとえ被害者が家族の一員でなくても、被害者に対して何らかの配慮や注意を向けることは絶対に必要です。あなたは被害者の親に対し、率直かつ配慮ある（責めるのではない）やり方で、被害者のための専門的なカウンセリングを探し求めるように促すことができるかもしれません。性虐待の被害者を治療する訓練を受けたカウンセラーは、起きたことを被害者が理解するのを助けるとともに、将来の情緒的な悪影響や心の傷を残すことなく虐待から回復するための対処技術を身につけるように援助することができます。

もしあなたがクライエント（虐待者）と被害者の両方の親ならば、二人の子どものために別々のカウンセラーを探すのが通常もっとも良い方法です。虐待した子どものカウンセラーは、定期的に被害者と会いたいと思うかもしれません。家族が持続的なつながりおよび再同居を目指して努力している場合は特にそうかもしれません。被害者のカウンセラーの同意を得て行われるのであれば、これはいい考えです。二人のカウンセラーを持つ主な理由は、一人のカウンセラーでは、どうしても虐待者と被害者の両方に尽力することができないからです。被害者には、被害者のためだけに尽力してくれる人がいるべきです。

あなたが性虐待の影響を理解し、説明と償いの過程を支援することによって、お子さんが自らの与えた被害を理解し、真に立ち直ろうとするのに手を貸すことができます。説明の過程では、クライエントは自分自身や被害者に対して、性的な出来事の間に起こったことをきちんと明らかにします。そうすることで、クライエントはすべての責任を受け入れるとともに、被害者は自己非難という悪い影響から逃れることができます。説明の初期の段階で、お子さんは被害者に与えた影響の問題について学び、後の段階で被害者やその両親に対して一連の手紙を書くことになります。手紙が送られるか送られないかは状況によります。それはクライエントと被害者との関係、裁判所命令による制限、被害者やその家族の希望などによるのです。この手紙の中で、あなたのお子さんは虐待の責任が誰にあるのかを明確にし、具体的かつ意味のある方法で被害者の気持ちに応え、何が起こってどのようにそれをしたのかについて正確に説明します。さらに被害者は、大事なものを奪われたけれど「汚れた」存在ではなく、恥じる必要もないという感覚を彼らに取り戻させるよう努力をします。

親としては、あなたのお子さんがこれらの手紙を書くことによって被害者の傷口を再び開いてしまうのではないかと心配するかもしれません。経験上、説明の手紙や面会は、被害者が虐待に関連した恥や恐れの気持ちを克服するのに役立つことは明らかです。被害者は、虐待経験というのは、被害者である彼や彼女が大人になって後に選ばれたパートナーと行う特別な性の営みとは異なるということを、クライエントから直接聞く必要があります。

もし被害者が家族の一員であるなら、あなたは説明の手紙が適切であることを確かめるため、内容を検討する必要があります。ここでいう「適切」とは、誤った考えが一切手紙に含まれておらず、あからさまあるいは暗に被害者を責めたり、同情を求めたり、虐待を軽視したりするような内容でない（『回復への道のり パスウェイズ』第11章、『回復への道のり ロードマップ』参照）ことを意味します。手紙は常に被害者の親へ（もし被害者がカウンセリングを受けていれば、カウンセラーへ）最初に渡されます。そして、被害者が受け取ることが適切かどうかを決定します。

ときには、クライエントは被害者の親や自身の親にまで説明の手紙を書くよう求められます。それは両方の家族に与えたすべての損害に対して謝罪するためです。もし被害者が非常に幼い（六歳未満）場合、クライエントは大人の言葉で書かれた「未来の手紙」を書くよう求められるかもしれません。被害者が成長して幼少期の虐待についてもっと知りたくなった場合に備えて、大人になった被害者に対する謝罪の手紙を残すようにするためです。そのような未来の手紙は、通常被害者の親に渡され、保管されます。

もしあなたがクライエントと被害者の両方の親ならば、被害者の子どもを守りたいという気持ちと、性非行のある子どもを支えたいという気持ちの間で思い悩むかもしれません。覚えておいてください。あなたができるもっとも重要なことは、性行動化の機会を最小限にするための強力な外的バリアを築くことです。被害者である子どもを守ることは、クライエントである子どもの治療を支援することでもあります。これは親にとって極めて困難な状況ですから、混乱・不安・苦しみ・恐れについて率直に話ができるようなカウンセラーを求めたくなるかもしれません。

説明過程の最終段階で、何回かの面会が行われるかもしれません。その面会は被害者のカウンセラーによって監督されるべきですが、あなたのお子さんのカウンセラーとの連携も必要です。あなたのお子さんや被害者はともに、面会の前には非常に多くの不安を感じているかもしれません。対話中あなたのお子さんは、被害者・被害者の親・被害者のカウンセラーに対して、どのようにそしてなぜ虐待が起きたのかを正確に説明し、すべての責任を受け入れ、被害者やその家族に与えた損害について認めるでしょう。クライエントに対する気持ちを明確にするための十分な時間と機会を被害者に与えるため、何度か面会が行われるかもしれません。たとえ監督下であっても、被害者とクライエントがそれ以外で接触を持つことは、この面会が行われ、成功裏に終わるまでは許可されるべきではありません。家族が元通りになることを望んでいる親にとっては、歯がゆい思いをしながら待つことになります。しかし、被害者が安全という感覚を持つうえで、それは非常に重要なことです。

説明の過程は、クライエントが自分の行為に対する償いを始める最初の方法です。償いというのは仕返しではなく、与えた害の埋め合わせを始める方法です。あなたのお子さんは性行動化をしたことを決して忘れることはできませんが、同時にお子さんは被害者に可能な限りの償いをしたことも忘れないでおくことができます。説明の過程に参加することによってお子さんは、性虐待がいかに多大な損害を被害者に与えるかについて、より深いレベルで学びます。こういったことを学ぶことで、あなたのお子さんは再発に対する内的バリアを築きやすくなりますし、被害者は再虐待被害に対する抵抗力を増加させることにつながります。

性問題行動のある子どもの親として、あなたはお子さんのために健全な生活環境を作ることができます。いくつかの鍵となる考え方を以下に挙げます。

- お子さんと建設的なコミュニケーションをとるように努めましょう。その日の出来事や気持ちについて、お子さんたち一人ひとりと話す時間を作りましょう。
- 適切な愛情表現をしてください。抱きしめることや誉め言葉は、子どもや少年少女にとって非常に重要なものとなります。
- 少なくとも一日に一回は、一緒に食事をとってください。食事中はテレビを消し、お互いに交流しましょう。
- 性的な考えや感情を高めるような行為を避けてください。たとえば性的な冗談やほのめかし、口汚い言葉、ポルノ雑誌や映画といったものです。あなたがこうしたものを見えないところに隠したつもりでも、お子さんたちは見つけるでしょう。それらを家からなくしてください！
- テレビを子ども部屋に置かないでください。子ども部屋にテレビがあることによって、社会的な孤立をもたらし、お子さんを読書や学業から遠ざけ、不適切なものを見る機会を与えてしまいます。メロドラマやトークショーは、まだ受け入れる準備のできていない考え方に子どもをさらす可能性があります。

- お子さんが適切な服を選べるよう手伝ってください。なかには、セクシーに見せたいとか、実際よりも大人っぽく見せたい子どももいます。しかし、子どもたちは年齢相応の身だしなみをすべきです。親は、露出し過ぎていないか、服装がこざっぱりとして清潔であるかを確認すべきです。服装は、子どもの自尊心を表すものです。

- 衛生面に注意を払ってください。あなたは、どれほど多くの子どもが、少なくとも一日に一～二回歯を磨くようにさえ求められていないかに驚くでしょう。なかには、汚い服を身につけたままでも許され、定期的にシャワーを浴びることを求められない子どももいます。子どもたちはしばしばできるだけうまく対処していますが、そういった養育放棄（ネグレクト）を埋め合わせる手段や知識を持っていません。細部まで注意を払い、家では日課を定着させてください。家でお子さんたちに、いつも寝る前に歯を磨き、定期的にシャワーを浴びるか風呂に入り、清潔な服を身につけるようにさせてください。

- 両親の性行動は控えめにしてください。両親が帰宅時の抱擁や簡単なキスをするのを子どもが見るのは良いことですが、あまりにも頻繁に子どもの前で触り合ったり抱き合ったりすることは、子どもたちの性感情を刺激する可能性があります。

●あなた自身の不適切な言動や攻撃行動をコントロールしてください。大声で怒鳴りつけたり、ののしったり、叩いたり、突いたり、物を投げたり壊したり、ドアを荒っぽく閉めたり、車のタイヤをキーと鳴らしたりするのではなく、別のやりかたで怒りにうまく対処する方法を見つけてください。しばしば性問題行動のある子どもは、幼少期に暴力や性虐待を目撃したことによるトラウマを負っています。

●家庭内の日課や枠組みを維持しましょう。決まった就寝時間、食事時間、入浴時間、決まった手伝いなどはすべて、子どもが前向きで健全な生活習慣を作り上げるのに役立ちます。枠組みは、子どもが一人で生活する年齢になったとき、よりどころとするものを与えてくれます。それがないと、退屈して興奮を探し求めてしまい、その結果、性に関する問題を起こします。そのような決まった日常生活を確立し、強化することは親の仕事なのです。

第8章

家族の再統合

～家族が絆を取り戻し、再び一緒に暮らす～

あなたのお子さんがきょうだいを虐待した場合、そのような性問題行動のある少年少女がある期間自宅から離されることは当然です。そうすることで、お子さんはアセスメントを終え、再発の可能性が少ない安全な場所で治療を始めることができます。子どもは、ときに他の家族や同じ教会に属する人の家、里子を預かる家や友人の家、あるいは入所治療施設に預けられるかもしれません。クライエントの行動が非常に攻撃的な場合や他の深刻な行動上の問題がある場合は、矯正施設に入れる必要があるかもしれません。虐待の発覚以降、クライエントがどこで生活していたかに関係なく、自宅に戻れるまでは複雑で重要なプロセスなのです。

ときに両親は、離れている間にお子さんは治療を終えているだろうと期待します。しかし次のことを覚えておいてください。お子さんが自宅に戻ってくるときは、まさに治療が始まったばかりなのだということを！　クライエントは、被害者または他の被害に遭いやすい人が住む自宅に戻ったら、治療の間に学んだすべてのスキルを実行に移さなければなりません。自宅に戻ることが意味するのは、クライエントが出会う人々や場面がクライエントを刺激し、心をかき乱すような記憶や感情を引き起こすかもしれないということです。被害者または他の被害に遭いやすい人が住む自宅にクライエントが戻るということは、ときに再犯という結果になります。治療過程でのもっとも重要な目標は、被害者や他の被害に遭いやすい人々への危険性を減少させることです。その人々というのは虐待を受けていないきょうだい、女性、高齢者、身体的あるいは発達の障害がある人などを含みます。

この状況において、親が犯す可能性のあるもっとも大きな過ちの一つは、クライエントに信頼を築かせようとして、そして受けた治療がうまくいっていることを〝証明〟させようとして、クライエントが被害者や被害に遭いやすい家族のメンバーと二人きりなるのを許すことです。不幸なことに、こういった過ちが非常に多くの再発という結果をもたらしてきました。

性問題行動のある子どもや少年少女は、被害者や他の被害に遭いやすい人と二人きりになることを避けるように可能なあらゆることをして、治療が進展していることを示すように求められるべきです。彼らは、合意に基づいたすべての家庭内のルールに従い、大人による監督を避けたり逃れたりしようとするのではなく、監督を求める積極的な努力をすることによって治療に打ち込んでいることを示すことができるのです。

安全で漸進的な再統合の過程において、被害者や被害に遭いやすい人が住む自宅へ戻ってくるクライエントがどう扱われるかについて、以下にまとめています。

被害に遭いやすい子どもが住む自宅に戻ってくる、性虐待をした子どもや少年少女のための一般的な再統合の手順

【注】これらは一般的なガイドラインに過ぎず、あなたのお子さんに対する実際の再統合の過程は、性非行の深刻さ、家庭内での監督の有効性、その他の関係する要因次第で、ここに示されているものとは異なっているかもしれません。ある段階から次の段階に進むかどうかは、常にクライエントの治療が進展しているか、

および親が監督の必要性を理解しているかにかかっています。

1. そのクライエントは、子どもや少年少女の性問題を扱った経験が豊富な治療提供者によって、徹底的なアセスメントを受けます。【注】これは虐待行為が発覚してすぐに行われることがしばしばあります。

2. 家族内の被害者は、専門的に被害者を扱う治療者によってアセスメントとカウンセリングを受けます。家族内の他の子どもたちもまた、被害者の治療者または虐待者の治療者、あるいは両方の治療者に会い、虐待者と一緒にいたときの経験や、彼らがこの先性虐待を受ける危険性の程度について話をします。

3. クライエントは治療を開始し、性に関する履歴を完全に明らかにします。クライエントは性の履歴や虐待行為の詳細をすべて知らせるために両親と会います。両親は家庭における再発防止ルールを確立するという適切な手順を行うために、どのようにして性非行が起こったのか十分に理解する必要があります。

4. クライエントは、性の履歴をすべて明らかにしていることを証明するために嘘発見器（ポリグラフ）検査を受けます（ポリグラフは通常十二歳未満のクライエントには用いられません）。

5. クライエントは被害者への説明の過程を開始し、すべての加害のダイナミクスを明らかにし、あらゆる報告に矛盾がないようにします。クライエントは専門的カウンセリングにおいて、進歩し続けています。

6. クライエントは、被害者やその親へ説明の手紙を書きます。

7. クライエントは、治療者や治療グループと一緒にその手紙を見直します。手紙のなかに思考の誤りが含まれておらず、加害のダイナミクスが完全に説明されていて、治療者や治療グループがその手紙を承認するまで、クライエントは何度でも書き直します。

8. もし被害者の治療者が同意すれば、クライエントは被害者やその治療者と会います。それは、説明の過程に必要なことですし、被害者を守り、クライエントに再発の機会を与えないようにするための家庭のルールを作るのに必要なことだからです。

9. クライエントは親や被害者と会って、治療の進展について話し合い、家庭でのルールを確立させます。クライエントは、家や学校および治療において、誠実で責任ある健全な行動を実際に示していなければなりません。

10. クライエントは、家から離れた中立的な場所（たとえば、ファーストフード店）で、親や年下の子どもたち（被害者を含む）と短時間話をすることが認められます。

11. クライエントのカウンセラーは治療過程を見直すため、およびすべての当事者が同意に基づいたルールを忠実に守っているかどうか判断するため、被害者の治療者や親と話し合います。

12. 可能であれば、クライエントの治療者や保護観察官は、家庭訪問を済ませておきます。家庭訪問が実現できない場合、両親が治療者に家の内外の写真を何枚か提供できるなら、それは役に立ちます。こういった視覚的な観点は、クライエントが自分の家庭を訪問する際のルールを作るのに非常に役立つでしょう。たとえば、親が食事や入浴などの準備をしている間、クライエントや他の子どもたちをどのように監督するかについて話し合う際、居間や台所の写真を見ておくことは重要になります。

13. 家庭外ならより長い時間会って話すことが、クライエント、親、きょうだいに認められます。

14. 短時間、日中に家のなかで会って話すことが、クライエント、親、きょうだいに認められます。

15. クライエントが良好な治療経過をたどっている限り、一泊の家庭滞在が認められます。

16. クライエントは良好な治療経過をたどっています。追加のポリグラフ検査によって，性的興奮パターンや被害者と一緒にいるときの行動パターンについてのクライエントの自己報告は，偽りなく正しいものと支持・証明されます。

17. 両親は，治療過程への真摯な取り組みを示し続け，クライエントと被害者の両方の治療に十分に関わっています。

18. より長い期間の宿泊帰宅が認められ，クライエントを基本的に常時家庭で暮らせるように導いていきます。

19. 完全な再統合が起こります。クライエントは依然として長期の治療が必要であり，性的興奮やファンタジーの問題，および家庭内のルールの遵守等について監視していく必要があります。

20. 家庭環境やクライエントの行動をチェックするために，被害者の治療者およびすべての家族メンバーが参加して定期的な話し合いが行われます。

性虐待をした子どもが被害者と再び同居するときや，年下の子どもがいる家に戻ってくるとき，親は再発を防止するためにどのような手段をとるべきか，とよく尋ねられます。被害者への説明過程の一部は，虐待者・被害者・両親が訪問や再統合のルールに同意することです。それは、家のなかに、新たなより強力な境界線を設定し、犯罪行為に対するバリアを築くためのものです。家族全員が、クライエントの治療者によって十分に検討されたルールを書いた文書に署名し、ルールの変更はクライエントの治療者が許可した場合だけ行われます。

左記は家でのルールの例です。虐待者と被害者が同じ家に住む場合に使用してもかまいません。【注】以下に列挙されたルールのいくつかは、クライエントだけでなく被害者や他の家族成員にも適用されますが、そのことは被害者がクライエントによる虐待または不適切な行動に対して責任があることを意味していません。虐待が起こった家族のなかで適切な境界線を築くためには、家族全員がいくつかの「服装規定」や「距離の尊重」のルールを受け入れなければならないのです。

- 再統合の過程を進めるときは、加害者と被害者はそれぞれ（別の）熟練した専門家による治療を受けるべきです。
- 治療者による家庭訪問は、有益なことがしばしばあります。それによって治療者は、起こり得る監督上の問題を早期に見出すことができます。
- 子どもたちの治療に関わってきた責任ある大人がしっかり目で見て監督する以外に、方法はありません。ほとんどの再発は、親が子どもたちだけで遊ぶことを許したり、監督せずに子どもたちが家のなかで一緒にいることを許した時に起こります。

- ドアの施錠、ドア警報器、およびビデオモニターは、家庭での監督を最大限有効にするのに時に役立ちます。部屋替えも考慮すべきです。クライエントの寝室が被害に遭いやすい人の部屋の隣にならないように、あるいは大人の部屋から離れ過ぎないようにする必要があります。安価な動作検知式ドア警報器であれば家電量販店で買うことができます。もし家族が警報器を使うことにするなら、それはたいていクライエントの部屋のドアの外側に設置されますが、場合によっては部屋のドア（内側）に警報器がついているほうが、被害者がよく眠れることもあります。安全性を懸念して施錠することは限定的にですが役立ちます。もしクライエントの行動および被害者の不安がなかなか収まらず、両親が夜間クライエントを部屋に閉じ込める必要性を感じるなら、クライエントを家に置くことを再考するべきです。別の選択肢としては、ベビーモニターを使うことです。それによって両親は起こっていることを聞くことができますし、クライエントからの要求、たとえばトイレに行きたいなどを受けることができます。
- 家族も浴室とトイレのドアに錠をかけて使います。
- クライエントは常に一人で入浴し、きょうだいと一緒に入ってはいけません。

●クライエント、被害者、家族は、家庭内の境界線やルールがきちんと守られるように、再統合後の長い期間治療を継続すべきです。数カ月間両親が厳しい警戒をして問題が起こらなければ、監視を緩めるのは当然のことです。

●インターネットやウェブサイトへのアクセスは、厳重に統制されるべきです。インターネットでポルノを求めるクライエントは、しばしば性的興奮や衝動が一気に高まり、そのことがクライエントを再犯へと至らせる場合があります。

●すべてのケーブルテレビや衛星放送テレビに保護者による受信制限を設け、クライエントはその解除コードを入手できないようにすべきです。成人向け番組は保護者コードを要求するように設定し、コードはどの子どもにも話してはいけません。

●すべてのポルノや性的に露骨なものは、家から排除すべきです。もし家の中にあると、あなたのお子さんがそれを見つける可能性があります。

●「保護者警告ラベル」（子どもが聴くべきでない過激な歌詞が含まれているCD等に対して注意喚起のために貼られるラベル）が貼られたテープやCDに対して何らかの統制がなされるべきです。ときに、そのラベルが貼られたどんなテープ、CD、MP3プレイヤーも家の中で認めないという包括的なルールを

訪問、外泊、再統合のための私たち家族のルール

1. ダニエルは自分より2歳（24カ月）以上年下の子どもと二人きりになってはいけません。承認された監督役が、直接見える範囲にいる必要があります（年齢差は、クライエントの年齢、前歴、およびリスクアセスメント次第で0～36カ月までの範囲で変化します）。
2. 寝室や浴室・トイレのドアの錠を使用可能にして、使うようにします。
3. おやすみの抱擁や、その他のマーク-ダニエル間の身体的愛情表現は、兄ではなく弟のほうからすること（弟は決してそれを強要されることはありません）。
4. すべての家族のメンバーは、通常の生活領域内にいるとき、あるいは浴室に行くときや戻るとき、通常の衣服や適切な寝巻（下着やネグリジェはいけません）を完全に着用していなければいけません。
5. ダニエルは他の子どもから離れて寝なければいけません。
6. 極力、ダニエルは弟や他の子どもの隣に直接座ることを避け、家や公共の場（テレビを見ているときや車に乗っているときなど）では、弟や他の被害に遭いやすい人と多少距離を置くようにします。
7. ダニエルは、子どもを膝の上に座らせてはいけません。
8. 年下の子どもたちとのレスリングや身体接触のある遊びはいけません。ただし、ダニエルの治療に関わってきた大人によって直接監督されるか、もしくはダニエルの治療者がこの種の接触を許可したならば構いません。つかむこと、取っ組み合うこと、触ること、叩くこと、押すこと、くすぐることはいけません。
9. 治療者がいないところできょうだい（マーク、ローラ、シェリー）と虐待や治療のことについて話し合わないこと。両親は治療プロセスについて質問しても構いません。そして私たちはルールについて話し合うことがあります。
10. ダニエルと弟マークは、決して家の中や部屋の中で二人きりになってはいけません。もしダニエルが帰宅したときすでに弟が家にいて、両親または他に承認された監督役が家にいなければ、ダニエルは家の外にいること。
11. ダニエルと弟は二人とも、お互いの個人の境界を尊重すること。このことは相手の私物を使わないこと、個人的な質問をしないこと、相手を言葉で虐待しないことを意味します。
12. ダニエルは、弟に何かするよう命じないこと。家族成員は、ダニエルをマークや他の被害に遭いやすい家族に権限を及ぼす立場に置かないこと。
13. ダニエルはマークの寝室に決して入ってはいけません。そしてマークはダニエルの寝室に決して入ってはいけません。例外が認められるのは、親が一緒に部屋にいるときだけです。
14. 通常、親だけが年下の子どものしつけをします。ダニエルは、年下の子どもが悪いことをしているとき、両親や監督役に伝えることができます。
15. 他のルールをここに追加します。

署名：＿＿＿＿＿＿＿＿＿＿　日付：＿＿＿＿＿＿

作ってしまうのが実際は簡単です。

前ページの家庭内ルールの同意書は、五歳下の弟マークを虐待したダニエルのために、ある家族によってまとめられたものです。これらのルールのいくつかは、あなたの家族の状況に合わないかもしれませんが、きょうだい間の虐待に対するガイドラインを作るとき、出発点として役立てることができます。

ここに挙げたルールはほんの一例です。あなたの家族に対して作られる実際のルールは、あなたのお子さんの性に関する問題の深刻さ、家の間取り、およびクライエントや被害者の年齢によるでしょう。すべてのルールについて、クライエント、被害者、両親、および被害者の治療者と徹底的に話し合うべきです。家庭環境が変化したときや、クライエントおよび被害者の行動が変化したとき、ルールが変更されるかもしれません。あらゆる変更は文書によって、かつ治療者の許可を得て行われます。

どんな場合でもクライエントは、被害者の安全を守るためには、あえてルールに外れた行動をする義務がある場合があります。たとえその行動が要求されていないときや、ルールで禁止されているときであってもです。たとえば、クライエントは、年下のきょうだいの被害者が階段から落ちるのを防ぐために体をつかむことができます。クライエントはルールに従うに際し常識的な判断をする必要があります。

以下に挙げるのは、ワシントン州の少年少女や成人のクライエントに適用される法的ガイドラインです。

クライエントと被害に遭いやすい人が接触することについて，治療提供者や両親がいかに注意深く慎重な決定をする必要があるか，あなたにある程度理解してもらうためにそれらが提供されています。

1. 接触することについて被害者の希望を考慮しなさい。そして確実に，すべての接触が安全であり，かつあらゆる裁判所命令に一致するようにしなさい。

2. 被害に遭いやすい子どもに対するクライエントの意思決定の権限を制限しなさい。

3. クライエントが被害者や子どもと何らかの接触をもつとき，治療提供者は，以下の点に留意して下さい。

a. 一人で決定するのではなく，他の関連する専門家と協働し，被害者との接触に関するアドバイスを請いなさい。

b. 罪を犯したクライエントが子どもと接触することを許可する前に，その子どもの両親，親権者，または保護者と相談しなさい。

c. 子どもと接触する間クライエントを監督することは，子どもを虐待したまたはその可能性のあるクライエントにとってきわめて重要なことであると認識しなさい。

d. クライエントの監視役や監督者に対しては教育的体験を持たせること。

e. 再統合または子どもが住む家庭にクライエントを戻すことに向けて、子どもの安全を重視する計画や手順表を作りなさい。

4. これらの実施基準に従わない場合、治療提供者は業務ライセンスを失うことがあります。あるいは、もし子どもが虐待され、基準が守られていなかった場合、親が告訴される可能性さえあります。

第9章

適切な監督によって治療を効果的なものにすること

ほとんどの少年裁判所の保護観察命令や仮釈放遵守事項は、十代の性犯罪者が一二〜一三歳以上年下の子どもと二人きりになってはいけないと命じています。クライエントの性行動の経歴を知る大人による直接の監督がない状態では、クライエントと一二歳以上年下の子どもが接してはいけないことを明記しているのです。

保護観察とは、少年裁判所で働く保護観察カウンセラーもしくは保護観察官によって少年が監督される期間のことをいいます（訳注：日本の少年司法制度では、家庭裁判所調査官の中間処分としての試験観察と処分としての法務省保護局の保護観察官または保護司の保護観察があります）。保護観察は裁判官による監督も含んでおり、もし保護観察の条件が守られていなければ、裁判官は制裁を科すことができます。ケースによっては、少年は執行猶予判決を受けて社会にとどまることを認められることもありますが、保護観察の条件に従わない場合は施設に送られることもあります。裁判官は、違反に対して拘置施設（訳注：日本では原則少年鑑別所）への入所を命令することができ、あるいはその他の様々な制裁を科すことができます。

仮釈放とは、少年収容施設での拘禁後の期間のことをいいます。保護観察官は、主に国や州の少年矯正局（訳注：日本では法務省保護局所管の保護観察所）に勤務しています。仮釈放中に違法行為をすると、矯正職員やときには裁判官が出席して審理が開かれることになります。仮釈放中の違反に対しては、期間の延長や施設への再入所を含む様々な結果となり得ます。被害に遭いやすい人がいるときにクライエントを監督することは、保護観察や仮釈放中においてもっとも厳守すべき条件の一つです。

監督をする目的はさらなる性虐待の機会を阻止することであって、いかにクライエントが低リスクで治療に積極的に取り組んでいるとしても関係ないということを覚えていてください。第3章で述べたジェイソンの事例を思い出してください。不幸にも家族以外に彼を監督する義務のある人がいなかったため、彼は自分の団地で幼い子どもを殺すという結果になってしまったのです。彼がそのような恐ろしい罪を犯すなんて誰も思っていませんでした。

多くの治療プログラムの目的は、監督を手伝ってくれる地域支援ネットワークをクライエントや家族が構築するのを援助することです。地域で選ばれた責任ある大人は、クライエントの性問題行動について教育を受け、特定の危険信号を見逃さないように訓練され、具体的な治療のルールについて教えられています。これらの人たちは監督者（訳注：シャペロン、付添い人）と呼ばれています。監督者は通常二十一歳以上の大人ですが、十七～十八歳の人が限定的状況で監督者として認められる場合もあります。監督者は、何が起こって家族にどんな深刻な影響を与えたのか十分に理解するため、犯罪者の行為について話を聞かされます。監督者は義務に関する公式な書類に同意してサインしなければならず、監督者として承認される前に少なくとも電話で治療提供者と連絡を取るべきです。監督者は、犯罪歴、性非行の前歴、または薬物乱用問題がない責任ある大人がするべきです。

本章には、監督者を付けることが必要とされる一般的状況のリストや、特定の大人を監督者として書面で承認するのに使える見本の書式が掲載されています。監督者を承認するこの手続きは、いくぶん脅迫的で不要に感じるかもしれません。しかし、この手続きを経ることは、あなたが保護観察や仮釈放の命令を遵守する励みになります。同時にあなたは、クライエントが秘密にする必要のない肯定的な地域ネットワークを築いており、クライエントは治療の取り組みに対する継続的な支援を得ることができます。ある十三歳の少年は、性問題行動に対する判決を受けるために裁判所へ行く前に、十人の承認された監督者がいました。裁判官が彼を社会にとどめておくことが危険かどうか考えている場合、こういった向社会的な支援ネットワークが不利に働くことはまずありません。その少年は保護観察処分を受け、社会内処遇を認められました。

監督者の手続きは、保護観察中や仮釈放中の少年のためだけにあるのではありません。たとえ犯罪で訴えられる懸念がない場合でも、子どもが性問題行動を起こすリスクを減らし、将来裁判所の処罰を受けないようにするためにその手続きを用いるのは良い考えです。子どもが犯した性虐待に対する民事訴訟で責任を問われる場合、監督者を用いることは、監督怠慢による訴訟の可能性からあなたを守ることにも役立ちます。監督が行き届いていればいるほど、さらなる性非行の機会が減るのです（外的バリアという考え方を思い出してください）。

子どもの性問題行動を開示しなければならないという不名誉、恥、恐れ、および困惑などのため、監督者の手続きを実行するのは親にとって容易ではありません。確実に十分な監督をするために多くの人に十分な情報を与えることと、子どものプライバシーを守ることの間には、はっきりした境界線があります。子どもの性問題行動について他者に情報を与える決定をすることに関しては、どれも慎重に判断すべきです。経験上、一般的にクライエントやその親が思っている以上に人々は協力的であるといえます。

承認された監督者が用いるためのガイドライン

これらは一般的なガイドラインに過ぎません。あなたのお子さんにはこの一般的な手順よりも低レベルまたは高レベルの監督が必要になるかもしれません。あなたのお子さんの治療提供者や保護観察官が、事例に応じた個別の判断をするべきです。

監督者トレーニングが必要な人

1. 性問題行動のあるクライエントの親および保護者全員
2. 長い間（特に夜間）性問題行動のある子どもや少年を監督し、めんどうを見る義務のある大人全員

監督者が必要な状況

1. 年下の子どもがいる友人や親戚の家をクライエントが訪れることになるとき（ここで理解しておくべきことは、年下の子どもが性問題行動のある人の周囲にいてもいいかどうかを決定する権利は、その子どもの

親だけが持っているということです）。

2. クライエントが、監督されない状態で子どもと接触するかもしれない場所に行って活動するとき（たとえば、年下の子どもがいるかもしれない日帰りキャンプや泊まり込みキャンプ、あるいは遊び場）。責任ある大人が監督者となることに同意し、治療提供者とともに承認の過程を経ることとします。

3. 子どもと定期的に接する仕事、あるいは子どもに対して何らかの責任を伴う仕事をしているクライエントに対しては、クライエントの上司が監督者となることに同意する必要があります。子どもに対する責任を伴わない日常の仕事の大部分は、正式な監督者を必要としません。

4. 薬物やアルコールの乱用があるクライエント、または同年代の子どもに性行為を強制する問題があるクライエントについては、地域での社会的な活動に対して監督者が必要とされるでしょう。

監督者が必要ではない状況

1. クライエントが仲間と登校するとき。しかし、学校内に託児所がある場合、またはクライエントより三歳以上年下の子どもがいる場合は、特別なルールを適用されるかもしれません。

2. 年下の子どもが住んでおらず、親の監督が行き届いている同年代の友達の家にクライエントが行くとき。
3. 同年代の子どもと会う通常の約束をすること（映画やボウリングなど）。ただし、被害者が同年代の子どもであった場合や、露出症のように被害者を探す行為をするクライエントは、より厳格な監督を伴う特別なルールを必要とすることに注意してください。
4. 通常の青少年が従事する労働環境（たとえばファーストフード店やスーパーなど）。
5. 同年代の少年との仲間うちの活動であって、年下の子どもや被害に遭いやすい子どもと監督のない接触が起こりにくい場合。

以下の監督者承認書は、コピーして別の監督者に使うことができます。あなたのお子さんの治療提供者に、この書類の使い方について指示を仰いでください。

承認された監督者用責任陳述書

監督者として承認を得るため，私は＿＿＿＿＿＿＿＿の性犯罪歴または性問題行動についての情報を提供されました。この人の具体的な問題行動は以下の通りです。

私はこのクライエントの保護観察／仮釈放，及び治療のルールについて情報を提供されました。クライエントより２～３歳以上年下の子どもたち（または操作や強制によって被害に遭いやすい他の人たち）と，監督のない状態で接することは，いずれも子どもたちを危険にさらすことになると理解しています。私はまた，そのクライエントが治療に真摯に取り組み治療がうまくいっているとしても，再犯が起こり得ることを理解しています。このクライエントにとって危険性の高い状況は次の通りですが，それらだけに限りません。

私は，性問題行動のある子どもを監督することは一定の責任や危険性を伴うものであると理解しています。私は＿＿＿＿＿＿＿＿を監督することを承認された監督者として，クライエントによって行われた疑わしいルール違反を報告しなかった場合，民事責任に問われることがあることを理解しています。私は，あらゆる明らかな，または疑わしいルール違反を，発生から 24 時間以内にクライエントの主要な治療者である＿＿＿＿＿＿＿＿，あるいは警察または子ども保護サービスへ報告することに同意します。私はまた，彼が私を操作して保護観察，仮釈放，および治療のルールの重要性を軽視しようとする方法について情報を与えられました。

私は，次の特定の状況において，このクライエントの監督者として認められたことについて理解しています。

監督者の署名：＿＿＿＿＿＿＿＿＿＿＿＿＿＿＿＿日付：＿＿＿＿＿＿＿＿

監督者の名前：＿＿＿＿＿＿＿＿＿＿＿＿＿＿＿＿＿＿＿＿＿＿＿＿＿＿＿

住所：＿＿＿＿＿＿＿＿＿＿＿＿＿＿＿＿＿＿＿＿＿＿＿＿＿＿＿＿＿＿

市：＿＿＿＿＿＿＿＿＿＿＿＿＿＿＿＿＿＿＿＿州：＿＿＿＿＿＿＿＿＿＿

電話番号：＿＿＿＿＿＿＿＿＿＿＿＿＿＿＿＿＿＿＿＿＿＿＿＿＿＿＿＿＿

クライエントの署名：＿＿＿＿＿＿＿＿＿＿＿＿＿日付：＿＿＿＿＿＿＿＿

治療者の署名：＿＿＿＿＿＿＿＿＿＿＿＿＿＿＿＿日付：＿＿＿＿＿＿＿＿

監督者に対する注意点

クライエントの治療プログラムのなかで予想されることを確実に理解するため、クライエントの治療ルールを見直してください。多くの少年が治療に傾倒している一方で、どのクライエントも過去の行動パターンに陥る可能性があり、それを止めなければクライエントのためになりません。そのような過去の行動パターンを監視し、肯定的な行動への変化を促すことが監督者の仕事なのです。

過去の行動パターンに陥ったクライエントは、ときに保護観察、仮釈放、治療ルール、違反または権利侵害などに対する重要性を最小化しようとします。以下に、クライエントが最小化しようとするときのやり方を挙げています。

1. 例外的な状況だからルールは無視してもいいとクライエントが言うことがあります。もしそれが本当なら、書面による許可が与えられるべきだということに注意してください。

2. ある範囲についてはまったく大丈夫だとか、その状況には対処できるなどとクライエントが主張することがあります。もしそれが本当なら、治療の専門家が書面による許可を与えるべきです。

3. クライエントが、そのルールはまったく自分にあてはまらないと主張することがあります。もしそれが本当なら、それについての書面が必要です。

4. クライエントは、治療が終わりに近づいているからもうルールに従う必要はないと主張することがあります。もしそれが本当なら、書面による許可が与えられるべきです。覚えておいてもらいたいのは、治療が終盤に近づいているということはルールを無視しても良いという意味ではありません。逆に、治療が終盤に近づいているということは、自主的にルールが守られていて、監視や注意があまり必要でなくなるということを意味しています。

ルールについて疑問があるときは、はっきりさせるため治療者に連絡してください。その間、そのルールは効力があるとみなしてください。変更を認める署名をクライエントが治療提供者に求めることも適切です。ルール違反が認められた場合は、治療提供者への違反の報告をクライエントにさせることが効果的です。そして治療提供者は監督者に連絡をとって違反について話し合い、クライエントが問題行動を報告したことを裏づけることができます。治療提供者からの連絡がないときは、クライエントがその問題行動を報告していないと考えられるので、監督者は治療提供者に連絡すべきです。この措置は、行動に対する責任をとるようクライエントに義務を課すものであるとともに、監督者がクライエントの行動を報告するために、その後をついて回る必要はないと感じさせるのに役立ちます。

クライエントによる安全計画および監督計画

治療プログラム、保護観察官、州の社会福祉局は、あなたのお子さんが関係者全員の同意による安全計画または監督計画をたてるよう命じるかもしれません。以下は、最初の監督計画を作り上げるために、あなたが治療提供者に意見を求めることができる計画の概要（サンプル）です。あなたは性問題行動のある子どもの親として、厳格に監督計画を守らせることを期待されていることを覚えておいてください。もしあなたが計画を守らせることができなければ、子ども保護サービスの職員があなたの家庭の他の子どもが危険であるとして、家庭から離そうとすることになるかもしれません。計画を守らせることができなければ、性問題行動のある子どもは入所治療施設や少年院に移されるかもしれません。この計画を真剣に受け止めてください。この計画は、治療過程や監督過程の非常に重要な部分です。

親，里親，グループ・ホームのスタッフ，その他の保護者のための一般的な監督のガイドライン

1. 大人・子どもともに，寝室のプライバシーを守ること。親が自分の寝室をプライベートな場所にしておくことはよい考えであり，子どもはどの寝室にも入る前にノックをするように求められるべきです。

2. タッチや性的な接触には注意してください。何気ない接触が，性問題行動のある子どもを性的に刺激している可能性があります。しかし，なかには大切なタッチもあります。あなたや他者にタッチをするときは事前にタッチをして良いか尋ね，尋ねることによってそのような境界線に対する敬意を示すことを教えてください。これは，最初は形式的過ぎるようにも思えますが，意外に早く「抱きしめてもいいですか」と尋ねることを身につけることができます。

3. いつも子どもがどこにいるか把握してください。

4. 目的地間の移動中，分別ある判断をしてください。目的地へ行く間や目的地から帰る間に予定時間を超過したときがあれば，その説明をクライエントに求めてください。考え方の誤りや不誠実に対する備えをしてください。毎回そういった情報を治療者に報告してください。

5. 子どもの友達のことを知っておいてください。子どもが友達の家に行くことを許可する前に，その友達をあなたの家で過ごさせるようにしてください。

6. 子どもの友達の家族について知っておいてください。友達の家に誰が住んでいるかを知り，特に年下の弟や妹，親戚等がいないか尋ねてください。もし被害に遭いそうな年齢の子どもが住んでいるなら，そしてもしその友達の親が信頼でき，子どもがその友達の家に行くことに問題はないと判断した場合，その親が監督者承認手続きを終えるまでは訪問を禁止してください。自分が逆の立場だと考えてみてください。そうとは知らずに性犯罪者が家に来ることを望みますか。

7. 子どもが友人の家にいるときは，子どもが何をしているかを遠慮せずに電話して確かめてください。信頼を損ねることを心配してはいけません。あなたは我が子を愛し，治療がうまくいってほしいことを表しているのです。信頼は欺かれる可能性がありますが，行き届いた監督は欺かれることはないと覚えておいてください。

8. 子どもが年下の子のめんどうを見ることは，子どもの治療者からの明確な承認や，それに伴う危険性についての明確な理解がなければ，許可してはいけません。

9. 子どもの活動について尋ねるとき，「はい」か「いいえ」で答えられるような否認を促しやすい質問をしてはいけません。「どこか他の場所に行ったの？」と聞くのではなく，「他にどこに行ったの？」と聞いてください。

10. 子どもの言っていることが疑わしいときは，その心配を書き留め，後で治療者に相談してください。

11. 子どもが学校で何らかの問題行動を起こしている場合，教師とカウンセラーに情報共有のためのミーティングを求めることを考えてください。問題行動が目立つ場合は，定期的なフィードバックを返してもらうか，家に電話してもらうように教師に依頼してください。

12. 年下の子どもと過度の身体的接触を伴うような取っ組み合い，くすぐり，スポーツを許可してはいけません。

クライエント安全計画および監督計画

クライエントの名前：＿＿＿＿＿＿＿＿＿＿＿計画の日付：　＿＿＿＿＿＿＿＿＿＿

注意：治療提供者はこれらを変更する場合，そこに頭文字を署名し，変更日を書く。

1. クライエントが自宅または里親の家に一人でいることは，
   良い　　いけない
   良い場合，クライエントは最大　　　時間，自宅に一人でいても良い。
2. クライエントが一人で地域に近づくことは，
   良い　　いけない
   良い場合，クライエントが行っても良い場所を明記してください：
   ＿＿＿＿＿＿＿＿＿＿＿＿＿＿＿＿＿＿＿＿＿＿＿＿＿＿＿＿＿＿
3. クライエントが一人で歩いて学校に行くことは，
   良い　　いけない
4. クライエントが一人で公共交通機関（バス，地下鉄など）を利用することは，
   良い　　いけない
5. クライエントが一人でバスに乗って学校に行くことは，
   良い　　いけない
6. クライエントは学校の授業中，昼食中，休憩時間中に，監督をする付き添いが，
   必要　　必要でない
7. クライエントが学校で普通のトイレを使うことは，
   良い　　いけない
   いけない場合，学校での特別な計画を作らねばなりません。
8. クライエントは親の直接的な監督が，　ある場合　ない場合
   学校やリーグのスポーツに参加することは，
   良い　　いけない
9. クライエントが学校の社会見学やその他の活動に監督者なしで行くことは，
   良い　　いけない
10. クライエントが同年齢の友人と承認された監督者なしで映画を観に行くことは，
    良い　　いけない
11. クライエントが同年齢の友人と夜を過ごすことは，
    良い　　いけない
12. クライエントが監督者なしで友人の家を訪れることは，
    良い　　いけない
13. クライエントが年下の子どものいない友人の家で夜を過ごすことは，
    良い　　いけない

14. クライエントが　表　裏　の庭で遊ぶことは，
　　良い　　いけない
　クライエントが外にいるとき，常に目視による監督が，
　　必要　　必要でない
15. クライエントが他の子どもと一緒にいるとき，常に目視による監督が，
　　必要　　必要でない
16. クライエントが仕事をすることは，
　　良い　　いけない
　　適当な仕事の種類は，______________________________
17. クライエントの寝室にドアアラームを設置，
　　する　　しない
18. クライエントはインターネットを，
　まったく使ってはいけない　親の監督のもとで使ってもよい　学校で使っても良い　監督なしで使っても良い（あてはまるものすべてに○をする）
19. クライエントは　G　PG　PG-13　R（成人）指定のテレビやビデオを見てもよい。あてはまるものすべてに○をし，例外を認める権限があるのは誰かを特定してください：
____
20. クライエントが有害図書指定のテレビゲームをすることは，
　　良い　　いけない
21. クライエントが，「保護者警告ラベル」が貼られたテープ，CD，MP3 プレイヤーを持つことは，
　　良い　　いけない
22. クライエントが他の子どもと寝室を共有することは，
　　良い　　いけない
　　良い場合，承認されたルームメイトの年齢と性別を特定してください：
____
23. クライエントが監督のないところで電話を使うことは，
　　良い　　いけない
24. その他のルール：
____
____

最終改定日：__________
承認された監督者の名前：______________________________
署名
クライエント：____________________　親：____________________
治療者：____________________　それ以外：____________________

第10章

これからどうなるの？
この問題はいつ終わるの？

訳注：本書は、ロードマップ初版に対応して記載されていますが、邦訳出版されるロードマップは原書第2版の翻訳のため、章だてと内容が少し異なっています。『回復への道のり　ロードマップ』を使われる場合、以下の対照表を参考に、本書のいくつかの質問を使うことも可能です。

本書　初版ロードマップ	邦訳版　該当章
1　エンジンをかけよう	1　エンジンをかけよう▶初版第1章に同じ
2　タッチの問題って何？	2　タッチの問題って何？ ▶初版第2章に同じ
3　良いタッチと悪いタッチ	3　自分の気持ちを話そう ▶初版第11章にあたる
4　正しい考えと間違った考え	4　良いタッチと悪いタッチ ▶初版第3章にあたる
5　子どもの刑務所に行かないために：自分の体をコントロールしよう	5　正しい考えと間違った考え ▶初版第4章にあたる
6　間違ったタッチをやめるために障壁を建てよう	6　あのときみたいな性的な気持ちになったらどうしよう▶初版第13章にあたる
7　安全ルールを作ってそれに従う	7　変化しつつある体のことをよく知って大事にしよう▶初版第14章にあたる
8　人にされたタッチについて話すこと	8　自分の体をコントロールして子どもの刑務所に入らないようにしよう ▶初版第5章にあたる
9　自分のした悪いタッチについて本当のことを話す	9　悪いタッチにつながる四つの間違った曲がり角を理解しょう▶初版第6章にあたるが、「壁」が「曲がり角」に変更されている
10　どんなに人を傷つけたかを理解して悪いタッチを謝る	10　特別な安全ルールと良い境界線であなたとほかの人を安全に ▶初版第7章にあたる
11　自分の気持ちについて話そう	11　人にされたタッチについて話すこと ▶初版第8章にあたる
12　ぼくのサイクルを理解する	12　自分のした悪いタッチについて本当のことを話す▶初版第9章にあたる
13　あの時みたいな性的な気持ちになったらどうしよう	13　どんなに人を傷つけたかを理解して悪いタッチを謝る▶初版第10章にあたる
14　変化しつつある体のことをよく知って大事にしよう	14　サバイバーになろう▶該当なし
15　安全計画ブックを作って活用しよう	15　警戒警報に気づいて傘をさそう ▶初版第12章にあたる
	16　安全計画ブックを作って活用しよう ▶初版第15章にあたる

あなたのお子さんが治療教育プログラムの終わりに近づいてきているとしても、回復そのものや監督はこれからも続きます。『回復への道のり　パスウェイズ』の最後の章（第12章）では、あなたのお子さんが自分の行動について責任を持ち、説明できることを学んでいけるようにするために、自助グループで用いられる十二ステップの原則を紹介し、それにあてはめて考えていけるようにします。治療後のケアや監督を、これまでほど頻繁に受けなくてもよいくらい、十分な進歩が見られるにつれて、あなたのお子さんはより多くの決定についての責任を引き受けていくことになるでしょう。そして、あなたの助けを借りながら、「性虐待予防・安全チーム」と私たちが呼んでいるチームの生涯会員になることができるでしょう。その際、加害行動からは一線を画した判断ができ、性犯罪とは無縁な成人期を過ごすために、この十二ステップやお子さん自身が作成した安全計画を使うことになります。

もし、あなたのお子さんが『回復への道のり　ロードマップ』に取り組んでいるなら、最後の課題は、包括的な安全計画についての本を作り上げることです。これは、あなたのお子さんが『回復への道のり　ロードマップ』のなかで学んだ内容すべてについて振り返るときに作られます。そして、厚い一冊の本のなかに、情報をわかりやすく集めておくことで、治療概念について思い出させてくれるような役割を果たします。この過程でのあなたのかかわりは、とても重要です。

性問題行動のあるお子さんや少年少女に、早期の特別な治療で変化が見られたということは、被害者になる可能性のあった多くの人々が生涯にわたるトラウマを負うことから救われたことを意味します。あなたのかかわりを通してお子さんの治療過程をサポートし、正規の治療が終わった後もよい監督を提供することは、お子さんの成功を導くうえで、あなたができる不可欠な貢献です。感情の荒波やローラーコースターのような変化の激しい状況があろうと、この仕事を引き受け、その役割に踏み留まってきた親は、北米やその他の地域の治療提供者から尊敬の念を受けています。私たちは、あなたがそうした親の一人であり続けることを心から願っています。

あなたが治療過程にかかわりをもつというのはよいことではありますが、お子さんの治療課題を許可なしに見るという誘惑を我慢することに多くの親は困難を感じます。こうした誘惑は当然起こり得る反応ですが、これは境界線の侵害となります。なによりもあなたのお子さんは他の人の境界線を尊重することを学んできているのです。自分の生活のあらゆる部分での境界線を尊重するのを学ぶことを通して、性行動化が起こらないようにさせる障壁を、お子さんは築いていくことになるでしょう。親としてのあなたの役割は、この行動のモデルとなることです。たとえば、お子さんの治療課題を勝手に見たりしないといった境界線を尊重することによって、あなたは（お子さんだけでなく）他の人に対する尊敬や配慮の模範を、お子さんに示して見せることができるのです。

以下のリストには、会話の口火の切り方や、お子さんの治療への積極的なかかわり方についてのよい方法が書かれています。これらの質問をしたり、毎週お子さんが治療過程で学んでいることについて話ができるような時間をとることをお勧めしています。あなたがこうした話し合いを持つことは、お子さんが治療の概念を理解して吸収する助けとなります。また、治療過程を肯定的に支持し、励ましていることにもなります。もし、あなたやお子さんにとって、あまりにもぶしつけすぎると感じる質問があるようなら、お子さん担当のカウンセラーとそれらの質問について話し合ったほうがよいかもしれません。

治療が進むなかでお子さんに尋ねる質問

『回復への道のり　ロードマップ』

【注】お子さんが『回復への道のり　パスウェイズ』に取り組んでいるなら、この節はとばし、次の節に進んでください。

あなたにも治療についての課題があることをお子さんに伝えることが、お子さんの治療をすすめる助けとなるでしょう。あなたの課題は、以下に挙げられているような質問を尋ね、その答えに対してフィードバック（感じたことや考えたことを返すこと）をすることであるとお子さんに説明してください。そして、お子さんの学んでいることを、親も学ぶことは重要であると説明してください。『回復への道のり　ロードマップ』では、どういうことに取り組んでいるか、お子さんに尋ねてみてください。『回復への道のり　ロードマップ』には、「ぼくの進行表」が載っています。その進行表は、それぞれの章をやり終えた後に、色を塗ったり飾り付けをしたりできるようになっています。その表にあなたが興味を持っていることをお子さんに示すことで、治療過程に対するお子さんの熱意が続くようサポートをすることができます。各章が終わるごとに、お子さんと以下の質問を振り返って話し合う時間をとってください。

第1章（邦訳版第1章）

1. 第1章には、（性問題行動ではないことについての）自己紹介課題があります。あなたとそれを分かち合うようにお子さんに言ってください。付け加える点があれば自由に話してください。
2. 最後（課題B）には絵を描く課題があります。ここでも、あなたが何か思いつくことがあれば付け加えて、最後にお子さんの努力をほめてください。
3.「バズビー」がどんな車であるか尋ねてください（「バズビー」は、『回復への道のり ロードマップ』全体を通して、役に立つ助言やヒントを与えてくれる小さな車です）。

第2章（邦訳版第2章）

1. あなたのお子さんが怒りや悲しみ、あるいは性的な気持ちを抱いたとき、誰に話すことができるか尋ねてください（課題A）。

2. さわること（タッチ）の問題がどんなものかお子さんに尋ねてください（『回復への道のり　ロードマップ』では、ある人が他の人に許可なしにその人にさわる、特に大切な場所（プライベート・パーツ）に触れるときに生じる問題として記述されています）。

3. 性的なタッチについて、どのような時が悪く、どのような時がよいかお子さんに尋ねてください（『回復への道のり　ロードマップ』では、性的なタッチはよいものだが、年齢が小さすぎたり、それが他の人を傷つけたり、困らせたりするときはよくないと説明しています）。

4. 「近親姦って何」と尋ねてください（それは、家族のなかでの性的な接触ですが、夫婦間や他の同意のある大人のパートナーは除きます）。

5. セクシャル・ハラスメントがどんなものか、お子さんに説明させてください（課題A後半）。

6. お子さんに、課題Bにあるセクシャル・ハラスメントの例を説明させてください。

7. もし、お子さんが治療グループにいるなら、グループのルールについて尋ねてください。

8. 第2章の課題に一生懸命取り組めたことをお子さんと一緒に喜びましょう。

第3章（邦訳第11章）

1. 良いタッチとはどのようなものかについて、お子さんに尋ねてください。
2. 行動が合法であるという場合、それはどういう意味かを、お子さんに尋ねてください。
3. 行動が違法であるという場合、それはどういう意味かを、お子さんに尋ねてください。
4. 悪いタッチについて、お子さんに説明をさせてください。
5. 間違った接触をやめなければいけない理由を五つ、お子さんに挙げさせてください。もし、お子さんが五つ理由を考えることができないようなら、『回復への道のり　ロードマップ』を見直させてください。
6. あなたのお子さんが悪いタッチをやめたときに起こる良いことを五つ挙げさせてください。
7. 課題を使って、お子さんにあなたをテストさせましょう。お子さんにそれぞれの状況を読ませ、あなたが、それは良いタッチか、あるいは悪いタッチか、どちらと思うかを言ってみましょう。これは、あなたに教えるという立場にお子さんを置き、お子さん自身が自分の学んだことに対して自信を持つ体験となります。

8. お子さんに課題にある良いタッチのリストを振り返らせなさい。何か付け加えられる提案があれば、付け加えてください。

9. お子さんに課題にある悪いタッチのリストを、あなたといっしょに振り返るように言ってください。付け加えられる提案があれば、付け加えてください。

10. この章を終えたことをお子さんと一緒に喜びましょう。

第4章（邦訳版第3章）

1. お子さんがどこでタッチの問題を学んだか尋ねてください（子どもたちは、自分に起きたことや自分が見聞きしたものから、タッチの問題を学びます）。

2. 正しい考え方が何を導くかを尋ねてください（良いタッチ）。

3. 間違った考え方が何を導くか尋ねてください（悪いタッチ）。

4. 思考の誤りが何かを尋ねてください。

5. お子さんに過去一、二週間を振り返らせて、正しい考え方の例を三つ説明させてください。

6. 課題Bにある質問を使って、お子さんにあなたをテストさせてください。

7. お子さんに否認という言葉を説明させてください。

8. ここ一カ月の間、正直に言ったことが書かれてあるリストを、お子さんに振り返らせてください。

9. ここ一カ月のうちについた嘘が書かれてあるリストを、お子さんに振り返らせてください。

10. この章を終えたことをお子さんと一緒に喜びましょう。

第5章（邦訳版第8章）

1. 子どもの刑務所に行かないで済むための基本的なルールを、お子さんに振り返らせてください（課題A）。
2. 子どもの刑務所に行かない理由を自分で考えて書いたリストをお子さんに読ませてください。あなたが考えられるものが他にあれば加えてください。
3. 課題Bの場面をお子さんに読ませて、あなたにテストをするように言ってください。このテストでは、何が正しく、何が間違っているか、あるいは何が道徳的で、何がそうでないかを言っているのではなく、何が合法で、何が違法かについてだけ話していることを忘れないでください。
4. お子さんに何が自分の体をコントロールしているかを尋ねてください（脳）。
5. ここ二週間のうちで、自分の体をコントロールしきれなかった状況について課題Cで書いたリストを使いながら、お子さんに振り返らせてください。この質問をお子さんが難しいと感じているようなら、何かヒントなどを付け加えてもかまいません。

6. ここ二週間のうちで、自分の体をコントロールできたときについて、課題Dのリストを使って、お子さんに振り返らせてください。もし、付け加えることがあれば、あなたの考えを示してください。

7. この章を終えたことをお子さんと一緒に喜びましょう。

第6章（邦訳版第9章）

1. 悪いタッチを防ぐ四つの壁（訳注：邦訳版では「壁」は全て「曲がり角」になっている）をリストアップするようお子さんに尋ねてください（動機、内側の壁、外側の壁、被害者の抵抗）。
2. 妨害とは何かを尋ねてください。
3. 体の欲求とは何かを尋ねてください。
4. 心の欲求とは何かを尋ねてください。
5. 心の小さな声とは何かをお子さんに説明させてください。

6. 「嘘のはしご」とは何かをお子さんに説明させてください。

7. 外側の壁がなぜ弱かったのかについて書かれている課題のリストをあなたに読んで聞かせるように、お子さんに言ってください。あなたの考えをお子さんに伝えてください。

8. 被害者の抵抗のページに書かれている壁を越えて性行動化する過程を説明するようにお子さんに尋ねてください（ふさがれた、思考の誤り、小さな声を無視する、内側の壁をよじ登る、計画、外側の壁をぶち壊す）。

9. 約束、贈り物、脅し、力づくについて説明するようお子さんに尋ねてください。もしお子さんが進んで取り組みそうであれば、それらが書かれている課題のページを見るように言ってください。お子さんにとっては、ばつが悪く感じるかもしれないので、これまでの努力に対して、たくさんの励ましを与えるようにしましょう。

10. とても困難なこの章をやり通したことを、一緒に喜びましょう。

第7章（邦訳版第10章）

1. トラブルを避けるためのジュンのルールを読むようにお子さんに言ってください。
2. ルールについてバズビーは何と言っているかをお子さんに尋ねてください（それらのルールは私たちに安全をもたらします。内的、外的な壁を作る良い煉瓦（れんが）になります）。
3. お子さんが作った自分自身のルールをあなたに読んで聞かせるように、お子さんに言ってください（課題A）。
4. 境界線とは何かを説明するようにお子さんに言ってください。
5. お子さん自身が作った自分自身の境界線のリストを読むように、お子さんに言ってください。
6. お子さんのカウンセラーのオフィスで、境界線のリストを見直すようにお子さんに言ってください。
7. 課題を見直してください。お子さんは家庭での身体的な境界線について、あなたに話すように頼むことになっています。

8. バズビーの境界線とは何かをお子さんに説明するよう言ってください（エンジン）。

9. この章の難しい課題に取り組んだことを、一緒に喜びましょう。

第8章（邦訳版第11章）

1. この章の内容（被害者としてお子さんが体験したかもしれない性虐待について取り組むこと）がとても難しく個人的なものであると、十分承知していることをお子さんに伝えてください。あなたと課題を分かち合ってもよいと思っているかどうかをお子さんに尋ねてください。もし望んでいなければ、今はその決定を尊重しなさい。この課題について話し合うことができるようにお子さんを励ますのにどうしたらよいかについて、担当のカウンセラーに聞いてみるのも一つの方法です。

2. 課題で書いた手紙を、声に出して読むように（あるいはあなたが声に出して読んでいいか）お子さんに尋ねてください。お子さんが起こったことについて書く勇気を持ったことをほめてください。

3. 過去を思い出すことについてバズビーがどう言っているかをお子さんに尋ねてください（それは悪い感

情を引き起こすかもしれませんが、その感情を人に話して分け合うことが助けになります）。

4. この章を終えたことを、一緒に喜びましょう。

第9章（邦訳版第12章）

1. なぜ間違ったタッチについて真実を話すことが重要なのかを、お子さんに尋ねてください（なぜなら、あなたが真実を話さなければ修正されないからです）。

2. 真実を話さない理由と真実を話す理由について、お子さん自身の理由が何かを振り返るようにお子さんに言ってください（課題A、課題B）。

3. 課題をあなたが読んでよいかどうかお子さんに尋ねてください。これはとても個人的ではつが悪いことなので、たくさん励ましてあげてください。あなたが声を出さずに読むことで、お子さんを恥ずかしさや居心地の悪さから少しだけ救うことができます。お子さんが書き落としたことがあれば、書き加えることを提案しましょう。もしお子さんがこの課題を分かち合うのを望まないならば、その境界線を尊重してください。そしてそのことについてお子さんのカウンセラーと話し合ってください。

4. この章の困難な課題を終えたことを一緒に喜びましょう。

第10章（邦訳版第13章）

1. この章の冒頭にある手紙の例を、声に出して読むようお子さんに言ってください。
2. 課題Bにある説明の手紙を声に出して読むようお子さんに言ってください。努力をほめてください。
3. 被害者の親に手紙を送ったり渡したりというようなことを考えているか、お子さんと話をしてください。事前にこのことについては、お子さんのカウンセラーと話し合いがついているようにしてください。
4. お子さんが被害者のために、物事をよい方向に向け始めていることを一緒に喜びましょう。

第11章（邦訳版第3章）

1. 次の言葉を説明するようにお子さんに尋ねてください。「言いなりになる」「攻撃的になる」「はっきり伝える」。

2. 課題に書いてある状況を、お子さんがあなたに読んで聞かせるようにしてください（正しい答えは、①はっきり伝える、②言いなりになる、③攻撃的になる）。

3. ここ数週間のうちで、お子さんが「はっきり伝える」になるためにしたことを説明させてください。課題になんと書いたか見直すようにお子さんに言ってください。

4. どういうことでうれしくなったり、怒りを感じたりするか、お子さんに話すように言ってください。その他にどんな気持ちをお子さんが抱いているか、説明をさせてください（課題A、課題B、課題C）。

5. 感情を表す言葉のリストをお子さんに見直させてください。

6. 課題に書いてある感情と活動のリストをお子さんに見直させてください。

7. お子さんが感情を表す言葉を毎日使うように励ましてください。感情を表す言葉のリストを冷蔵庫に貼ることも検討してみてください。

8. 本章を終えたことについてお子さんと一緒に喜びましょう。

第12章（邦訳版第15章）

1. 警戒警報について説明するようにお子さんに尋ねてください。
2. 天気のサイクルについて説明するようにお子さんに尋ねてください。
3. リサたちの行動サイクルについて説明するようにお子さんに尋ねてください。
4. 課題のお子さん自身の行動サイクルについて振り返り、説明するようお子さんに言ってください。
5. 課題に書いてあるお子さん自身の問題行動のリストを振り返らせてください。あなたが付け加えるアイデアがあれば、それも付け加えてください。
6. 課題の傘のリストを一緒に振り返らせてください。
7. 嵐がやってくるのが分かったら、バズビーは何をするかをお子さんに尋ねてください（ワイパーを入れる）。

8. この章に一生懸命取り組んだことを、お子さんと一緒に喜びましょう。

第13章（邦訳版第6章）

1. 衝動とは何かお子さんに尋ねてください。
2. 性衝動をコントロールする十の方法をお子さんに説明させてください。
3. 課題について、あなたの助けが必要かどうかをお子さんに尋ねてください。お子さんが、もしまだ空欄を埋めていないようなら手伝うと言ってください。
4. 課題のリストを読むようにお子さんに言ってください。
5. あまりにもスピードが出すぎる場合にはどうしたらいいとバズビーは言っているか、お子さんに尋ねてください（ブレーキを使うこと）。
6. この章を終えたことを、お子さんと一緒に喜びましょう。

第14章（邦訳版第7章）

1. 思春期を説明するようお子さんに言ってください（冒頭）。
2. お子さんが男の子か女の子かにかかわらず、精子についてお子さんに話をしてください。この話題を話すことについて、居心地悪く感じていないということをお子さんに示してください。もしあなたがそうできなければ、この話題についてお子さんのカウンセラーと話をしてください。
3. 月経や毎月の周期についてお子さんに話をしてください（ここでも男女にかかわらず）。
4. 男性と女性の大切な場所（プライベート・パーツ）の絵をお子さんと一緒に見てください。お子さんと基本的な性に関する情報を見直すいい機会となるでしょう。
5. 身だしなみ課題チェックリストをお子さんと見直してください。このほかに、自分を大切にすることの助けになるような内容があれば、リストに付け加えてください。
6. 良いマナーについて書いたリストを一緒に見直してください。他に何か付け加えるアイデアがあれば、付け加えてください。

7. この章を終えたことを一緒に喜びましょう。

第15章（邦訳版第16章）

1. サポート・チームとは何かをお子さんに尋ねてください。
2. 三つの煉瓦（れんが）の障壁の絵を説明するようにお子さんに言ってください。
3. トラブルについてお子さんが描いた絵を見せるようにお子さんに言ってください。
4. 安全計画を見せるようお子さんに言ってください。お子さんがあなたに説明した後に、あなたが署名をすることを伝えてください。
5. 煉瓦（れんが）壁を見せるようにお子さんに言ってください。すべての煉瓦（れんが）に文章が埋められていることを確認してください。

6. 安全計画ブックの中で、お子さん自身がし終え課題をお子さんと一緒に見直してください。これは大きなプロジェクトなので、手助けをすることを申し出てください。このプロジェクトを終えるまでに一カ月近くかかることもあります。

これで、『回復への道のり　ロードマップ』は修了です！

お子さんの努力をほめ、食事に出かけたり楽しいことを計画したりするのにいい機会です（他のお子さんとの接触に関する制限に関しては、まだ観察を必要とします）。

『回復への道のり　ロードマップ』を終えたからといって、治療そのものが終わったということではないことを、お子さんに思い出させるために話をしておく必要があります。これからの段階では学んだことを使うかどうかは、本人次第です。

『回復への道のり　パスウェイズ』

あなたのお子さんに、治療過程の中であなたが果たす役割もあるということを言っておくことは重要です。あなたの仕事は、お子さんが学んでいる内容について、あなたも学ぶことであるということをお子さんに説明してください。お子さんが『回復への道のり　パスウェイズ』で何に取り組んでいるかについて尋ねるための時間を毎週とりましょう。それぞれの章を終えたときには、あなたに終えたことを知らせるようにあらかじめ言っておきましょう。これは、あなたが治療について学ぶ時間がとれるようにするためです。それぞれの章が終わったら、以下の質問をしながらお子さんと一緒に振り返ることができるよう、二人だけの時間をとりましょう。

第1章　最初の反応

1.「裁判と評価の期間中、あなたの性行動のすべてを認めることがなぜ助けになるのかしら?」

2.「どれほどのことをしたら、性行動が強姦と呼ばれることになるのかしら?」

3.「なぜ、あなたのしたことは間違っているのかしら?」

4.「真の同意とは何でしょうね?」

5.「同意に基づく関係を築き上げるブロックとは何かしら?」

6.「この州や国の性的暴行に関する法律のリストを受け取った?」。もし答えが「はい」ならコピーを見せてもらうように頼み、それらを熟知するようにしましょう。

7. 第1章にある合法と違法の状況をお子さんに読んでもらい、あなたをテストしてもらうように言いましょう。あなたが正解したか否かをお子さんに教えてもらうように言いましょう。これは、性的暴行に関する法律をお子さんに意識させ、自覚を促すのによい方法です。

8. 「今まで見たポルノはどんなものか、聞かせてくれる?」とお子さんに尋ねましょう（この問題について話し始めることで、信頼関係を築き、治療過程を共に支えるということを示すことができます）。

第2章　治療教育プロセスを始める

1. 「あなたの問題と目標の個人リストは何かしら?」とお子さんに尋ねましょう。リストにある目標と問題の少なくとも一つは、彼らの性問題行動に関連があるものでなければならないということを覚えていてください。

2. 「治療グループはどのように進むの?」

3. 「グループのルールは何?」

4. 「グループで毎週出される課題は何?」

5. 治療グループで話し合われた問題について定期的に話し合うということを定着させるのに良い時期です。プログラムの中には、他のグループメンバーの名前は秘密にするように求めるものもありますが、多くのプログラムでは、一般的な問題やグループで習ったことについて両親と話して欲しいと考えています。この問題をどのように扱えばよいか、お子さんのカウンセラーと話し合ってみるといいでしょう。多くの十代の若者は、グループ内で何が起こったかについては話せないと親に言いますが、これは単なる回避であることが多く、話してはならないといったルールはないかもしれません。

6. 「日記や日誌を毎日書くという課題に取り組めるよう、どう手伝ったらいいかしら?　治療課題に取り組む時間がもてるよう、夕方に声をかける?」

7. 「怒りの氷山とは何か、わかるように説明してくれる?」

第3章　開示：自分がやったことをどう説明するか

1. 「あなたの行動の一部をはじめの頃に否認した理由は何だったの?」

2. 「ゼロから一〇〇％の尺度を使って表すとすると、抱えている問題行動のうち、今の時点ではどれくらいを開示しているかしら?」

3.「自分の行動について、真実を話そうと決めた理由は何だったの？」

4.「思考の誤りとは何？」。お子さんに、第3章にある思考の誤りのリストを振り返るように言いましょう。「遠く離れたゾウとは何か説明してくれる？」

5.「グループの中で、自分の性に関する過去についてまとめ終えたかしら？」

6.「性に問題を持つ人々には、否認の三つの段階があるらしいわ。その三つを説明してくれる？ あなたは今どの段階にいるの？」

7.「あなたの性に関する過去の中で、いつか話さなければならないけれど、今はまだ私が知らない内容のことはある？」。もし「はい」なら、「話すことができそうになるのは、いつごろだと思う？」

第4章　開示：被害者について学ぶ

1「性虐待についての神話をいくつか挙げてちょうだい」

2「イチローに何が起こったの？ 話を聞いて、どのように感じたの？」

3.「物理的境界線とは何かしら？　あなたの物理的な境界線は何かしら？」

4.「情緒的境界線とは何かしら？　あなたの情緒的な境界線は何かしら？」

5.「社会的境界線とは何かしら？」

6.「被害者がどのように感じるかについて、何を学んだの？」

7.「被害者への共感スクラップブックを始めた？」

8.「学校で、どのようなセクシャル・ハラスメントを目撃したの？」

第5章　開示：なぜやったのか～私の性行動化を理解する

1.「性行動化の動機はどこから来たと思う？」

2.「内的バリアについて教えてくれる？　どのようにそれを乗り越えてしまった？」

3.「あなたが性行動化を起こさずにすむには、どのような外的バリアがあればよかったと思う？」

4.「被害者の抵抗に打ち克つのにどんなことをしたの？」

5.「高危険状況とは何かしら？」

6.「自分への話しかけとは何かしら？」

第6章　自分の手なずけと維持行動を知る

話の始め方の一例：「ここでは新しく学ぶ言葉がたくさんあるの。そのことを一緒に話すことで、あなたの治療を理解しやすくなるわ」

1.「手なずけ行動とは何かしら？」

2.「維持行動とは何かしら？」

3.「入口行動とは何かしら？」

4.「あなたの維持行動は何かしら?」

5.「行動化しているとき、どのような手なずけ行動を使っていたの?」

第7章　開示：行動のサイクルを理解する

1.「性行動化を始める前、あなたの人生にはどんなことが起きていたの?」

2.「性行動化を始める前、どんな行動に関わっていたの? そのことについて考えておくことができれば、もう一度行動化し始める前に、問題を処理できるかもしれないわ」(お子さんのリストにあなたの考えを追加できるよい機会です)。

3.「行動化し始める前、どんな気持ちになっていたと思う?」

4.「思考の誤りの橋とは何かしら? それを、私に話すことができそう?」

5.「自分にも犯罪のサイクルがあると思う? なぜそう思うの? なぜそう思わないの?」

6.「私に問題行動の時間的流れを見つける手伝いができるかしら？」

第8章　性的感情の適切なコントロールと表現

1.「みんながあなたを一生懸命助けようとしているのに、性行動化の衝動をまだ持っているとそれを認めにくいかもしれないわね。衝動を持っているからといって、人の気持ちを傷つけることにはならないわ。もしかしたら、そんな衝動を時々感じることがこれから先、長く続くかもしれないわ。でも、それが起こったときに私たちに教えてくれたら、あなたを助けることができるわ。あなたは衝動をもっている？最後に起こったのはいつかしら？」

2.「自分の性衝動や性的な気持ちについて、カウンセラーと話をする？」

3.「衝動コントロール法と興奮コントロール法の違いを分かるように説明できる？」

4.「思考停止とは何かしら？」

5.「嫌悪条件づけとは何かしら？」

6.「治療で嫌悪条件づけを使っている?」

付け加えてもよいコメント:「マスターベーションについて記録しなければならない用紙があるのを知っているわ。そのことについては何も聞かないけれど、あなたがカウンセラーに正直でさえあればかまわないと思っていることは分かっていてね」

第9章　再発防止計画を作り、守る

1.「個人的な警戒警報がどんなものか説明してちょうだい」

2.「それぞれの警戒警報に対する予防計画は何かしら?」

3.「ちょっとした間違いって何?」

4.「再発って何?」

5.「高危険状況って何?」

6.「一見重要でない決定って何？」

7.「今までのところ、あなたの予防計画に誰が署名をしたの？」

第10章　性虐待と人生経験を理解すること

1.「私の知らないことをたくさん体験してきたでしょうけれど、そうしたことも知りたいの。言葉や情緒的身体的、あるいは性的に受けた虐待について、どんなふうに感じているか話してくれる？」

2.「そういう体験はどんな影響があるかしら？　どんな方法を使って、感覚を麻痺させたのかしら？　戦おうとしたの？　その状況から、その感情から逃げようとしたの？（逃走）」

3.「虐待を受けたことは、行動化にどのような影響を与えたと思う？」

4.「被害者への共感スクラップブックを見せてもらってもいい？」

第11章　説明：ことを明らかにすること

1.「この説明の過程とはどういうものなの？」

2.「被害者と親に書いたあなたの説明の手紙を読ませてもらってもいいかしら？」

3.「サブローの説明の手紙のどこがいけないか、分かるように説明してくれる？」

4.「被害者やその家族に、手紙を送ったり、会ったりしようと考えている？　あなたのカウンセラーとそのことについて話したことはある？　会うのなら、私に一緒に来て欲しい？」

第12章　性暴力加害者のための十二ステップ――責任ある人になること

1.「誰に自分の性問題について話そうと決めたの？」（ステップ1）

2.「あなたの生活で治療成果を支援してくれると思う人は誰？　いつ、自分の治療についてその人に話すつもり？」（ステップ2）

3.「日々の行動について、私のフィードバックを望む?」（ステップ3）

4.「正直な手紙を誰に向けて書いているの?」（ステップ4）。良い選択をしている場合には、プラスのフィードバックを与えてあげてください。

5.「自分の性行動化について、どのような代償と利益を思いつくようになった?」（ステップ5）

6.「最近、自分自身の行動に対して、どういう責任の取り方をしている?」（ステップ6）
任意のコメント：「全部は分からないけど、いくつかのことには気づいているわ」。

7.「自分の性行動が他の人にどのような影響を及ぼしたと思う?」（ステップ7）

8.「共感とは何? どのように被害者への共感を示すことができるの?」（ステップ8）

9.「償いをしようと思う人のリストを一緒に見せてもらえる? どのような償いをしようと思うの? 償いの方法を探すための手助けがいるかしら?」（ステップ9）。
任意のコメント：「物事を良くしようとしているあなたの努力に感心しているわ。それこそ誠実の証よ」。

10. 「どうしたら、私たちはより健全な関係を築くことができると思う?」（ステップ10）

11. 「誠実で、責任感のある、被害者を出さない行動について、フィードバックして欲しい?」（ステップ11）

12. 「説明責任のステップについて誰に話をしているの? 新聞の編集者に手紙を書くときは、それを読ませてちょうだい」（ステップ12）

13. 「ステップ8の課題である被害者の視点について、分かち合ってもいいかしら?（この課題を親であるあなたが聞くということが、ときにはとても難しく感じることがあります。クライエントの中には、あなたの気づかなかった虐待が起きた状況について、細部にわたる情報を開示することがあります。あなたの中にも情緒的な反応が生じるかもしれないことを事前に知っておき、心の準備をしておいてください。この課題はカウンセラーのオフィスでされるのが最適かもしれません）」

第13章　責任のある健全な生活を送り、治療教育を卒業する

1. 「ミツオの問題が何だったのかを、教えてくれる? 性行動化をしたとき、彼と同じような考え方や感じ方をしたり、他にもしていたことが何かある?」

2.「問題が続いていることを認めないとはどういうことなの？」

3.「犯罪をしないという誓約書を私にも見せてもらえる？」

4.「自分への手紙を読んでもかまわない？」

5.「『回復への道のり　パスウェイズ』を終えた今、完治したかしら？　治療のこの部分が終わったから、決して再犯しないように援助するのに、どのように協力し合えるかしら？」

6「最終試験のレポートを読ませてもらってもいい？」

最後のおぼえがき

性行動や性的感情といったものは生涯続くものですが、お子さんが治療を受けたり、試験観察や保護観察、仮釈放中の保護観察を受けたりする期間は、それに比べると比較的短いといえます。特に、あなたが事実認定やアセスメントの過程を開始したばかりの段階にいるなら、公的な治療過程の終結は、予想よりもかなり早く来るでしょう。私たちはみな、お子さんが治療プログラムを成功裏に修了することを望んでいますが、お子さんのアフターケアや監視の期間は無期限に続くということを覚えておいてください。生涯続く興奮に対するマネジメントや再発防止のスキルを、毎週の治療が終結した後も引き続きお子さんが使う必要があることを、こうした効果のある治療プログラムでは教えています。

治療終結後、そこで学んだ生活様式を続けている子どもや少年少女のほうが、この難局から脱したら好き放題にやれる、それまでの我慢だと思っている子どもよりも予後がよいことを、われわれは経験上知っています。たとえば、治療以前の生活様式に戻ることを楽しみにし、あまり監視されず、パーティーに行くなどの活動的な時間を求め、治療以前にもっていた興味を再開しようすることを期待しているクライエントもいます。こうした子どもは、治療のルールを長期に持続する指針として自分のものとして取り込むことを学んだ子どもや少年少女と比べると、長い目で見るとその予後はよくないといえます。

治療で行われる介入は、治療期間中だけ、自分自身をコントロールする助けとなるものであってはなりません。むしろ、治療期間中に学んだ概念を自分のものとし、治療後の生活の準備をすることの手助けとなるものでなければなりません。お子さんが治療の概念を使い、それを維持することを学ぶようになればなるほど、治療を受け続ける必要がなくなることを、あなたは親としてお子さんに強調することで、先ほどの考えを支えることができます。治療が終わるということは、治療のルールもそこで終わるということではありません。そうではなく、治療が終結するということは、クライエントが、自らルールに従うことを学んだということであり、そのようにし続けることに意識を専念し続けることを意味します。

治療後のクライエントの生活のための、いくつかの効果的な指針があります（クライエントの中には、「いつになったら私はまた普通になれるの？」と質問してくることがあります）。

1. 治療のルールは活かし続けてください。クライエントは、治療プログラムをなしとげた後、生活様式をすぐに変えるべきではありません。（思考の誤りのない）責任ある考え方や、境界線の尊重、（自分に甘いのとは反対の）他者への配慮といった概念は、支持され、期待されるべきです。

2. 正直であり続けることを人生における第一の価値としなさい。「秘密のサイクル」を回し始めてはいけません。クライエントは、治療の中で、「話せないようなことは、すべきことではない」と学んできたはずです。

3. クライエントは、子どもや自分よりも弱い人と接触する可能性がある場合、その決断をする際には、前もって、両親かサポート・チームの人とそのことについて話し合う必要があります。サポート・チームの誰もが、その決定について納得できている必要があります。たとえば、治療の最中は、小さなお子さんのいる友達の家に行くことを禁じられていたクライエントは、治療が終わった後には、そのような家に行ってもいいか聞いてくるかもしれません。そのようなルールは、治療プログラムが終わったからといって、無視してしまってよいものではありません。それについて話し合いが行われる必要があります。また、クライエントは治療プログラムがすべて終わった後であっても、十分な外の境界線を維持することを期待されています。

親としてお子さんを支え、一緒に治療に取り組むという努力をしてきたことに対して、おめでとうと言いたいと思います。あなたの積極的な関わりなしには、お子さんの治療はこれほどまでに生産的なものにはなりませんでした。性問題行動のある子どもや少年少女を持つ親の多くは、治療プロセスの終盤近くには、家族全体が予想しなかったほどの恩恵をこのプログラムからもらったというコメントを残しています。お子さんに対して、親がより親密さを感じることもしばしば起きます。また、この危機によって引き出された愛情や支援が、何年にもわたって維持されることもあります。加えて、治療プログラムを成功裏に終結した子どもや少年少女たちは、性的関心に対して健康的で責任のある態度や、適切な対人関係のスキル、そして肯定的で信頼できる自己概念を持つことが多いのです。その治療過程はストレスのたまる困難なものかもしれませんが、得られる結果は肯定的で価値あるものであることが多いといえます。お子さんやご家族が性虐待とは縁のない生活を展開できるように助け続けるという努力があなたにゆだねられているのです。

参考文献

Adams, C., & Fay, J. (1992). *Helping your child recover from sexual abuse.* Seattle: University of Washington Press.

Bear, E., with Dimock, P.T. (1988). *Adults molested as children: A survivor's manual for women and men.* Brandon, VT: Safer Society Press.

Bell, R. (1998). *Changing bodies, changing lives.* New York: Random House.

Bettner, B.L., & Lew, A. (1990). *Raising kids who can: Use good judgment, assume responsibility, communicate effectively, respect self & others, cooperate, develop self-esteem, & enjoy life.* Connexions Press, 10 Langley Road, Suite 200, Newton Center, MA 02159.

Finkelhor, D. (1984). *Child sexual abuse: New theory and research.* New York: Free Press.

Gil, E. (1983). *Outgrowing the pain: A book for and about adults abused as children.* Launch Press, PO Box 5629, Rockville, MD 20855.

Gil, E. (1987). *Children who molest. A guide for parents of young sex offenders.* Launch Press, PO Box 5629, Rockville, MD 20855.

Hagans, K.B., & Case, J. (1998). *When your child has been molested: A parent's guide to healing and recovery.* New York: Jossey-Bass.

Hillman, D., & Solek-Tefft, J. (1988). *Spiders and flies: Help for parents and teachers of sexually abused children.* Lexington, MA: Lexington Books.

Hindman, J. (1989). *Just before dawn.* AlexAndria Associates, 911 SW 3rd Street, Ontario, OR 97914.

Johnson, T.C. (1998). *Helping children with sexual behavior problems: A guidebook for parents and substitute caregivers.* Available from the author: 1101 Fremont Avenue, Suite 101, South Pasadena. CA 91030.

Johnson, T.C. (1999). *Understanding your child's sexual behavior: What's natural and healthy.* Oakland, CA: New Harbinger Publications.

Katherine, A. (1993). *Boundaries: Where you end and I begin.* New York: Parkside Publishing.

Lew, M. (1990). *Victims no longer: Men recovering from incest and other sexual child abuse.* New York: Harper & Row.

Madaras, L. (1993). *My body, myself for girls.* New York: Newmarket Press.

Pithers, W., Gray, A., Cunningham, C., & Lane, S. (1993). *From trauma to understanding: A guide for parents of children with sexual behavior problems.* Brandon, VT: Safer Society Press.

Porter, E. (1986). *Treating the young male victim of sexual assault: Issues and intervention strategies.* Brandon, VT: Safer Society Press.

Ryan, G.D., & Lane, S.L. (1991). *Juvenile sexual offending: Causes, consequences, and correction.* Lexington, MA: Lexington Books.

Steen, C. (1993). *Relapse prevention for youth in treatment.* Brandon, VT: Safer Society Press.

Steen, C., & Monnette, B. (1989). *Treating adolescent sex offenders in the community.* Charles C. Thomas Publisher, 2600 South First Street, Springfield, IL 92794-9265.

Whitlock, K. (1988). *Bridges of respect: Creating support for lesbian and gay youth.* American Friends Service Committee, 1501 Cherry Street, Philadelphia, PA 19102.

索引

ア行

カ行

タ行

原著者紹介

ティモシー・J・カーンは，性問題行動・性犯罪者治療の分野で全米に名を知られた臨床家，研修指導者である。ワシントン州において，開業ソーシャル・ワーカーと精神保健カウンセラーの資格を有し，性犯罪者治療の認定資格者である。

この「性問題行動・性犯罪の治療教育」シリーズの第２巻，*Pathways：A Guided Workbook for Youth Beginning Treatment, Third Edition*（邦訳『回復への道のり　パスウェイズ――性問題行動のある思春期少年少女のために』誠信書房）は現在３版を重ね，米国とその他の国々で通所および入所の治療過程のモデルとなっている。同シリーズ第３巻のワークブック，*Roadmaps to Recovery：A Guided Workbook for Children in Treatment, Second Edition*（邦訳『回復への道のり　ロードマップ――性問題行動のある児童および性問題行動のある知的障害をもつ少年少女のために』誠信書房）は，性問題行動のある子どもたちへの治療の枠組みを提供している。

カーン氏は，ワシントン大学社会福祉学部で臨床准教授を務めている。彼は，ワシントン州の少年および成人の性犯罪者を扱う際の査定と治療の基準，またカウンセラーの資格基準を作成するワシントン州性犯罪治療提供者諮問委員会の議長も務めている。また，カナダのブリティッシュ・コロンビア州および米国ワシントン州で治療・研修プログラムを作り上げるのに尽力し，太平洋岸北西部における多くの施設内治療プログラムと里親機関のコンサルタントを行っている。

カーン氏は現在，ワシントン州ベルビューでクリニックを開業し，性問題行動のある子どもや思春期の少年少女，そして成人の心理判定と治療を実施している。

監訳者紹介

藤岡 淳子（ふじおか じゅんこ） 【第１章，第２章，第３章】

1979年　上智大学文学部卒業
1981年　上智大学大学院博士前期課程修了
1988年　南イリノイ大学大学院修士課程修了，府中刑務所首席矯正処遇官，宇都宮少年鑑別所首席専門官，多摩少年院教育調査官を経て，
2002年　大阪大学大学院人間科学研究科教授
現　在　大阪大学名誉教授，博士（人間科学），臨床心理士，公認心理師
専　攻　心理学，司法行政学
主要著訳書　『非行少年の加害と被害――非行心理臨床の現場から』2001，『包括システムによるロールシャッハ臨床――エクスナーの実践的応用』2004，『被害者と加害者の対話による回復を求めて――修復的司法におけるVOMを考える』（編著）2005，『性暴力の理解と治療教育』2006，アンブライト『被害者－加害者調停ハンドブック』（監訳）2007, 以上 誠信書房，『犯罪・非行の心理学』有斐閣　2007，他

訳者紹介（2009 年 8 月現在）

林　秋 成（はやし　あきなり） 【第４章，第５章】

2008年　大阪大学大学院人間科学研究科博士課程中退
現　在　大阪府中央子ども家庭センター技師

葛原　昌司（くずはら　まさし） 【第６章，第７章，第８章，第９章】

1997年　岡山大学文学部卒業
現　在　大阪大学大学院人間科学研究科人間科学専攻

酒井 佐枝子（さかい　さえこ） 【第10章，あとがき】

2004年　大阪大学大学院人間科学研究科博士課程単位取得退学
現　在　大阪大学大学院 大阪大学・金沢大学・浜松医科大学連合小児発達学研究科専任講師，臨床心理士，博士（人間科学）
共著書　『健康とくらしに役立つ心理学』北樹出版 2009，『関係性における暴力』岩崎学術出版社 2008，『ノーバディズ・パーフェクト活用の手引』ドメス出版 2003

ティモシー・J・カーン
〈性問題行動・性犯罪の治療教育 1〉
回復への道のり　親ガイド
——性問題行動のある子どもをもつ親のために

2009年8月5日　第1刷発行
2022年4月25日　第4刷発行

監訳者　藤岡淳子
発行者　柴田敏樹
印刷者　西澤道祐

発行所　株式会社　誠信書房
〒112-0012　東京都文京区大塚3-20-6
電話　03（3946）5666
http://www.seishinshobo.co.jp/

あづま堂印刷　協栄製本
検印省略

Printed in Japan
ISBN978-4-414-41434-9 C3311